요한계시록
관점설교
II

요한계시록 관점설교 Ⅱ

지은이 　최　식
발행인 　최　식
발행처 　도서출판 CPS
펴낸날 　2021. 4. 26
등　록 　No. 112-90-27429
주　소 　경기도 남양주시 다산중앙로82번길 48
전　화 　031)558-1025~6
팩　스 　031)574-1027
홈페이지 www.cpsbook.co.kr

ISBN 979-11-88482-11-5

값 20,000원

ⓒ 판권 저자 소유
이 책의 일부분이라도 저자의 허락 없이는 무단 복제할 수 없습니다.

CPS 관점설교 시리즈 17

Revelation
요한계시록 관점설교
II

CPS

추천사

요한계시록 바르게 해석, 쉽게 이해

　미국 EVANGELIA UNIVERSITY 목회학 박사 과정의 한국 책임 교수이신 최식 목사님이 열여섯 번째 책 〈요한계시록 관점설교〉를 출간하였습니다. 책을 계속해서 출간하는 것은 남다른 시간 활용과 근면함이 있었음을 입증합니다. 사실, 좋은 책은 저자가 누구이냐에 따라 결정이 됩니다.
　10년 이상 곁에서 보았던 최 목사님은 대인 관계의 친화력, 주님을 높이는 열정과 맡은 일에 대한 추진력이 참 대단하신 분입니다. 관점설교 연구로 박사 학위를 받고 오래 전 세우신 "CPS 설교학교"를 통하여 관점설교 방법론을 수년간 한국 교회에 소개해 오신 분입니다.
　너무나 오랫동안 한국의 많은 그리스도인들에게 요한계시록은 난해한 책, 무서운 책, 그리고 학설이 너무 많은 책으로 인식이 되어 왔습니다. 그러다보니 요한계시록은 주로 이단들이 자기들의 종말론 교리를 주장할 때 종종 사용하는 교회 밖의 책, 닫힌 책이 되고 말았습니다. 더구나 체계 있는 신학적 훈련을 받지 못한 사람들에 의해 계시록의 해석이 주로 문자적으로 이루어지면서 성서주의(biblicism)이나 근본주의(fundamentalism) 방향으로 나아가게 되었습니다. 미국의 세대주의 신학자들의 영향으로 7년 대 환난, 휴거 및 천년 왕국 같은 용어를 문맥과 장르를 고려하지 않고 사용하면서 요한계시록의 해석이 왜곡되어 왔습니다.
　요한계시록은 세상 끝에 어떤 사건들이 일어나게 될 것이라는 시나리오를 알려주는 책이 아닙니다. 연속적으로 일어나는 인 재앙, 나팔 재앙, 대접 재앙들이 계시록의 중심도 아닙니다. 문자적으로 읽을 것이 아니라 메시지를 읽을 줄 알아야 합니다. 200여개의 숫자가 나오는데 대부분 상징적 의미들로 사용된 것입니다. 또 많은 그림들을 해석할 줄 알아야 합니다. 어떤 것은 구약 성경에서 나오고, 어떤 것은 그리스 신화에서, 또 어떤 것은 고대근동의 신화에서 나오기도 합니다. 그러므로 그런 배경을 잘 알아야 하고, 당시 로마제국의 정치적 상황도 잘 알아야 하며, 나아가 요한계시록 자체에 나타나있는 구조도 잘 알아야 바르게 해석할 수 있고 이러한 바른 해석의 토대 위에서 성경적인 바른 설교가 나올 수 있는 것입니다.

최식 교수님은 요한계시록 당시의 소아시아 일곱 교회가 처한 상황 속의 이미지들을 바르게 해석하고 있으며, 또한 1세기 말 독자들의 사회, 문화, 정치, 그리고 종교적인 컨텍스트 속에서 본문을 이해한 후 관점설교로 발전시켜 나갑니다. 뿐만 아니라, 하나님의 심판이 역사 속에서 시간 순서대로 일어난다고 여기는 문자적 해석의 잘못된 길로도 가지 않으며, 천년왕국의 이미지를 문자 그대로 받아들이지도 않습니다. 예언과 이미지 속에서 원저자가 전달하려는 신학적인 뜻을 철저하게 살피고 나서 그 후에 관점 설교로 작성하고 현실에 쉽게 적용하도록 나아가는 과업을 책의 첫 페이지부터 끝까지 일관성 있게 수행하고 있습니다.

교계의 지도자이면서 다산중앙교회 담임목사로서 양들의 형편을 우선적으로 생각하는 최식 목사님의 〈요한계시록 관점설교〉 책자를 대하는 분마다 요한계시록을 보다 쉽게 이해하는 안목을 얻게 되리라 확신하며 기쁨으로 추천하는 바입니다.

2021년 4월 12일
원차희 박사
EVANGELIA UNIVERSITY
Professor of New Testament

프롤로그

계시록, 성도의 궁극적 승리를 보장한다

요한계시록을 설교로 나누는 것은 매우 부담스런 일입니다.
이미 이루어진 일이 아니라 앞으로 되어질 일이기에 더욱 더 조심스럽습니다.

계시록을 풀어가는 여러 가지 신학적인 입장들, 역사주의적 견해, 미래주의적 견해, 상징주의적 견해 등이 있습니다. 이번에 나누게 되는 계시록 관점 설교는 본문을 주해하고 신학적인 내용을 전달하려는 목적이 아닙니다.

계시록 전체는 복음의 완성이고 교회의 완성이며 성도들의 궁극적 승리를 보장합니다. 그러므로 계시록은 두렵고 무서운 무거운 말씀이 아닙니다.

복음 운동의 현장에서 악의 무리들과 필연적 싸움을 피할 수 없는 교회와 성도들이 악의 무리들, 즉 사탄의 무리들의 정체를 바로 알고 대처하며 바른 복음 운동으로 이들과 싸워 이길 수 있는 비결을 예수님께서 요한을 통하여 말씀해 주셨습니다. 이것을 오늘 성도들이 어떻게 받아서 삶에 적용할 것인지를 본문마다 관점을 중심으로 나누려고 했습니다.

설교는 목적 있는 전달입니다.
본문에서 말씀하시려는 하나님의 목적과 그 목적이 청중들에게 분명한 삶으로 연결되도록 전달해야 합니다.

계시록 관점 설교는 계시록 1장부터 마지막 22장까지 각 장의 단락마다 관점을 제시하고 그 관점을 중심으로 하나님의 목적과 적용을 분명히 함으로 설교가 삶으로 연결 되도록 노력했습니다.

이단과 사이비 세력들이 난무하는 목회 일선에서 분투하시는 설교자들에게 자그마한 힘이라도 보탬이 되기를 소망합니다.

존경하는 LA Evangelia University 원차희 교수님의 추천에 감사드리며 함께 동역하는 아내와 CPS 설교학교 모든 동문 목사님들에게 깊은 감사드립니다.

2021. 4. 16
CPS 설교학교 최 식 목사

목차

추천사

프롤로그

Part 4 | 요한계시록 11~14장

성전을 측량하라 _ 13
두 증인 _ 18
24장로들의 경배 _ 25
한 여자 _ 31
하늘의 전쟁 _ 38
남자를 낳은 여자 _ 44
바다에서 올라온 짐승 _ 50
땅에서 올라온 짐승 _ 58
십사만 사천 _ 66
영원한 복음 _ 72
주 안에서 죽는 복 _ 79
낫을 휘둘러 _ 85

Part 5 | 요한계시록 15~19장

폭풍전야 _ 93
일곱 대접 재앙 ❶ _ 100
일곱 대접 재앙 ❷ _ 105
아마겟돈 _ 113
큰 음녀 _ 119
요한을 놀라게 한 짐승 _ 125
하나님의 생각 _ 131

바벨론의 멸망 _ 136
할렐루야 _ 143
어린 양의 혼인잔치 _ 149
백마를 탄 자 _ 154

Part 6 | 요한계시록 20~22장
천 년 동안 결박하여 ❶ _ 163
천 년 동안 결박하여 ❷ _ 168
사탄의 최후 _ 174
마지막 심판 _ 180
새 하늘과 새 땅 _ 186
알파와 오메가 _ 193
성 안에서 보지 못하였으니 _ 199
그의 얼굴을 볼 터이요 _ 207
이 두루마리 _ 213
하나님께 경배하라 _ 219
그가 행한 대로 _ 225
성령과 신부 _ 231

Revelation

Revelation

요한계시록

PART_4
11~14장

Revelation

CHAPTER 34

성전을 측량하라
계 11:1~2

> **측 량**
> 천상세계를 바라보던 요한에게 또 한 번 행동으로 참여하도록 명령이 주어졌습니다. 지팡이처럼 생긴 갈대를 주시면서 하나님의 성전과 제단과 그 안에서 경배하는 자들을 측량하라는 지시였습니다.

설교를 이끄는 관점

여러분 측량이 무엇입니까?
여기서 측량이란, 자로 재는 것을 의미합니다.
당시에는 갈대로 자를 만들어서 측량을 하곤 했는데 보통 갈대로 쓰이던 자의 길이는 3m(10피트)정도였다고 합니다.

지금 요한이 체험하는 세계는 영적 세계입니다.
그렇다면 영적 세계에서 자를 통해서 무엇인가를 측량하는 것이 가능할까요?

하나님께서 요한에게 측량하라고 지시하신 곳은 하나님의 성전과 제단과 그 안에서 경배하는 자들입니다. 생각해 보십시오.

이미 하나님의 성전은 철저하게 측량된 계산에 의해서 지어졌으며 제단 역시 그렇게 만들어졌습니다.

문제는 그 안에서 경배하는 자들인데, 이들을 측량하라는 말은 어떤 의미일까요?

* 인원을 파악하라는 뜻일까요?
  얼마나 많은 인원이 경배하는지 그 규모를 자로 재라는 것일까요?

* 아니면 경배하는 자들의 행렬을 측량하라는 말씀일까요?
  갑자기 요한에게 이런 것들을 측량하라는 의도는 무엇일까요?

하나님의 목적으로 해결

하나님께서 요한에게 측량하라고 지시하신 것은 실제 성전과 제단의 규모나 경배하는 자들의 숫자를 파악하라는 것이 아닙니다.

하나님께서 요한에게 측량하라는 말씀을 하신 의도는 하나님의 성전과 제단 그리고 그 안에서 경배하는 자들을 보호하시기 위해서 울타리를 세우신다는 의미입니다.

1. 하나님의 성전과 제단 그리고 그 안에서 경배하는 자들은 교회와 신자들입니다.

하나님께서 이들을 측량하라 하신 것은 이들을 세상으로부터, 세상 불신과 박해의 세력으로부터 구별하신다는 의미입니다.

측량, 이들이 누구인지 자로 재듯이 정확히 알고 보호하신다는 의미입니다.

2. 하나님께서 측량하지 말라는 자들은 불신 세력, 교회와 신자들을 박해하는 세력입니다.

이들은 성전 안에 있지 않고 바깥마당에 있는 자들이며 이방인들입니다.

이들은 거룩한 성을 42개월 동안 짓밟을 자들입니다.

여기서 "거룩한 성"이란, 8절에 소돔과 애굽과 같은 부패하고 패역한 세상을 의미합니다.

3. 이들은 42개월 동안 잠시 교회와 신자들을 박해하지만 결국은 멸망에 이르게 됩니다.

42개월간은 예수님의 초림부터 재림까지 교회가 박해를 받는 기간을 의미합니다.

이 기간 동안 교회와 신자들은 복음을 증거하다가 혹독한 시련을 받겠지만 결국은 하나님의 보호 아래서 안전하게 지내게 됩니다.

청중 적용

사랑하는 여러분!

1. 지금은 42개월 동안 박해와 시련의 기간입니다.

"이것을 이방인에게 주었은즉 그들이 거룩한 성을 마흔 두 달 동안 짓밟으리라"(2)

예수님을 믿지 아니하는 자들, 교회는 출입하면서도 예수님을 모르는 자들이 교회와 신자들을 핍박하고 대적하는 시대입니다.
이들의 배후에는 세상의 패권을 잡은 사탄이 있습니다.
이들은 복음 운동을 방해하며, 교회를 대적하고, 전도자들을 핍박해서 처참한 꼴로 만들 수 있습니다.
우리는 이러한 일들을 대비하며 깨어 있어야 합니다.
예수님께서도 이러한 일이 일어날 것이라고 경고하셨습니다(눅 21:10~28).

2. 교회는 하나님의 안전지대입니다.

"성전과 제단과 그 안에서 경배하는 자들은"(1)

하나님의 교회와 그 안에 택한 백성들은 절대 안전과 보호의 대상입니다.

1) 구원의 확신을 가지십시오.
측량이란, 자로 재어서 확인하는 도구입니다.

교회 안에 있지만 구원의 확신과 믿음이 없다면 소용없습니다. 이런 자들은 결국 제외되고 멸망에 처하게 됩니다.

2) 예배는 하나님의 보호 안에 있는 자들이 하나님을 경배하는 행위입니다.

신앙은 반복적인 과정을 통해서 성장하고 성숙하게 됩니다.

지상 교회의 계속적인 예배 행위는 하나님의 보호 안에 있는 자들이 누리는 은혜의 통로입니다.

3) 하나님은 지금도 말씀의 측량줄로 우리의 신앙과 삶을 점검하고 계십니다.

청중 결단

측량줄을 던지십시오!
복음 전파 행위는 측량행위입니다!
측량줄=복음이 전파되는 곳에 택한 백성들이 하나님의 안전지대로 나아오게 됩니다.

CHAPTER 35

두 증인
계 11:3~13

> **두 증인**
>
> 11장에서 두드러지게 나타나는 특징 중 하나는 두 증인에 관한 이야기입니다.
> 3절 "내가 나의 두 증인에게 권세를 주리니."
> 여기서 "내가"는 주님 자신입니다. 예수님께서 자신이 소유한 두 증인에게 직접 권세를 주신다고 합니다. 예수님께서 직접 두 증인을 상대하시는 모습은 매우 인상적입니다.

설교를 이끄는 관점

여기서 말하는 두 증인은 누구입니까?

이들에게 어떤 권세를 주셨으며 왜 이들에게 이런 권세를 주신 것입니까?

예수님의 권세를 받은 두 증인은 굵은 베옷을 입고 1,260일을 예언하리라고 했습니다(3절). 굵은 베옷이란, 심한 비애와 통회를 의미합니다. 일반적으로 하나님께 죄를 범했을 때 사죄를 구하기 위해서 굵은 베옷을 입고 재를 무릅쓰고 거기에 앉아서 티끌을 날리며 회개했습니다. 그렇다면 이 두 증인이 굵은 베옷을 입은 이유도 이런 이유 때문일까요?

예수님께 권세를 받은 두 증인이 굵은 베옷을 입고 1,260일을 예언한다는 말이 결국은 슬픔과 고통을 말하는 것으로 이해한다면 어찌 앞뒤가 맞지 않는 상황 같습니다.
도대체 이 두 증인은 누구일까요?

하나님의 목적으로 해결

이 두 증인에 대한 해석들이 분분합니다.
6절을 근거로 엘리야나 모세로 해석하는 자들이 있습니다.
하지만 분명히 성경이 이들의 정체를 밝히고 있습니다.

"그들은 이 땅의 주 앞에 서 있는 두 감람나무와 두 촛대니"(4)

스가랴 4장에서는 두 감람나무와 두 촛대는 이스라엘을 상징했는데, 두 촛대는 계시록의 전체 내용으로 볼 때 교회입니다(계 1:20).

교회는 신실한 복음의 빛을 발하는 두 촛대입니다.
교회는 사명 면에서 빛을 발하는 두 촛대이고,
능력 면에서는 성령의 능력을 공급받는 두 감람나무입니다.

1. 두 증인은 교회로서 1,260일 동안 예언합니다(3절).

여기서 1,260일은 그리스도의 초림부터 재림까지의 기간을 의미합니다.

교회는 이 기간 동안 주님의 권세를 가지고 말씀(복음)을 전하는 사명을 받았습니다.

* 교회가 주님께 받은 권세는

1) 굵은 베옷을 입고 예언하는 권세입니다.

이는 복음을 통하여 회개시키는 권세입니다. 예수님께서 이 땅에 다시 오시는 날까지 교회는 회개의 복음을 전하고 회개시켜서 백성들을 돌이켜 하나님께로 돌아오게 해야 합니다.

2) 두 감람나무와 두 촛대의 권세입니다.

스가랴 4장에 보면 순금 등대와 두 감람나무 환상이 나오는데 이는 포로 이후 성전이 재건되고 끊어졌던 성전의 등불이 다시 밝혀질 것을 보여준 것입니다. 더 나아가 신약에 예수 그리스도로 말미암아 이루어질 교회운동, 성령운동을 의미합니다. 참된 교회는 성령의 권세를 행사한다는 말입니다.

3) 예언하는 권세, 말씀의 권세입니다(5~6절).

"그 입에서 불이 나와서", "저희가 권능을 가지고 하늘을 닫아", "그 예언을 하는 날 동안." 이 말씀들은 저희가 말씀의 권세를 가지고 행한 일들을 말하고 있습니다.

하나님은 교회가 말씀의 권세로 세상을 깨워야 하는 사명을 주셨습니다.

하나님의 말씀은 그 자체가 불이고, 검이요, 기적입니다.

2. 두 증인, 교회는 박해를 피할 수 없습니다(7~10절).

"그들이 그 증언을 마칠 때"(7)

교회가 복음의 빛을 발하며 말씀의 권세로 세상에 나아갈 때에 대적하는 자들이 있습니다.

1) 무저갱에서 올라오는 짐승으로부터 죽임을 당합니다(7절).
이 짐승에 대해서는 계시록에 36회 언급되는데 본문이 첫 번째 언급입니다.
이 짐승은(13장과 17장) 사탄으로, 권세(권력)를 받아서 하나님을 대항하고 교회를 핍박하는 7머리 10뿔의 적그리스도입니다(단 7:20~26, 마 24:15, 눅 21:20).

2) 짐승의 공격을 받은 교회는 사흘 반 동안 버려집니다(9절).
3일 반, 잠시 동안 적그리스도의 박해로 죽은 자가 됩니다. 이는 아주 단기간 적그리스도의 승리처럼 보이게 되며 교회는 더 이상 소망이 없는 것처럼 보이게 된다는 의미입니다.

3) 교회가 괴롭힘을 당하고 사흘 반 동안 시체로 버려졌을 때 원수들은 기쁨으로 예물을 나누며 자축합니다(10절).
복음이 교회를 통해서 증거될 때, 세상 사람들은 양심의 가책을 받아서 괴롭힘을 느끼고 교회를 무너뜨립니다. 그 결과 양심의 자유를 느낀 것처럼 자축합니다. 그러나 그 시간은 겨우 사흘 반에 불과합니다.

3. 두 증인, 교회의 승리는 계속됩니다(11~12절).
세상 즐거움은 잠시뿐입니다.

"삼일 반 후에 하나님께로부터 생기가 그들 속에 들어가매 그들이 발로 일어서서 구경하는 자들이 크게 두려워하더라"(11)

예수님께서 사흘 간 무덤에 계셨던 것처럼 교회도 복음을 위하여 다시 부활하여 하늘로 올라갑니다. 여기서 하늘로 올라간다는 말은, 휴기를 의미하는 것이 아니라 모두가 교회의 승리를 볼 수 있도록 그 승리를 만천하에 높이 들어서 보여주신다는 의미입니다.

교회의 승리는 교회를 괴롭히던 세상 세력에 대한 심판을 의미합니다.
교회의 부활과 함께 성의 십분의 일이 하나님의 진노를 받았습니다. 그리고 세상 사람들은 하나님의 살아계심과 교회의 승리를 보면서 두려워하게 됩니다.

청중 적용

1. 우리 주변에 교회를 어지럽히는 세력들이 있습니다.
자신이 감람나무요 촛대라고 스스로 자칭하는 자들이 있습니다. 자신을 광명한 빛으로 온 자라고 떠들어대는 자도 있습니다.

이들은 모두 무저갱에서 올라온 짐승들, 거룩한 모습의 탈을 쓴 짐승들, 적그리스도들, 사탄의 세력들입니다.

지금 이들은 자신들이 세상 패권을 잡은 줄로 여기고 교회를 대적하며 무너뜨리고 있습니다. 지금 많은 교회들이 사흘 반 동안 죽은 자의 모습으로 쓰러져 있는 것처럼 보입니다. 그래서 교회는 힘을 잃어가고 심판의 세력들은 활개를 치며 자축하고 있는 모습들이 여기저기서 나타나기도 합니다.

예) 사탄의 무리들이 교회당을 점령하고(예배당을 매입) 기뻐하며 서로 예물을 나누며 기뻐하고 있습니다. 하지만 이들이 빼앗은 교회당은 건물일 뿐 교회의 본질은 아닙니다.

2. 교회는 반드시 승리합니다.

교회의 승리는 예수 그리스도의 승리입니다.

예수님께서 죽음을 이기시고 부활하신 것처럼 교회도 사탄의 권세를 이기고 다시 일어날 것이며 영원히 승리합니다.

1) 교회의 승리는 말씀의 권세를 사용할 때 나타납니다.

교회의 본질은 건물이 아니라 복음(진리)의 말씀을 전하는 것입니다. 말씀(복음)을 전할 때 교회의 권세가 나타납니다.

말씀의 권세로 사탄을 이길 수 있습니다.

2) 교회의 승리는 회개의 권세가 일어날 때입니다.

사탄은 죄 있는 곳에 역사합니다.

회개하고 자복하는 곳에서 사탄은 더 이상 어쩔 수 없습니다.

회개와 통회는 교회가 세상을 이기는 권세입니다.

3) 교회의 승리는 부활과 승천입니다.
지상교회는 사탄의 영향을 피할 수 없습니다.
교회의 궁극적 승리는 하나님의 나라, 즉 천국에서 완성됩니다.
예수 그리스도는 그의 나라를 회복하시고 영원한 교회를 완성하십니다.

청중 결단

교회를 중심으로 사탄을 대적합시다!
교회의 권세를 회복하도록 힘써야 합니다.
교회의 본질을 지키는 바른교회 운동을 하도록 힘써야 합니다.

CHAPTER 36

24장로들의 경배

계 11:14~19

> **엎 드 려 (감사와 찬양)**
> 둘째 화가 지나고 셋째 화가 임할 것을 예언했고 셋째 화의 시작은 일곱째 천사가 나팔을 불면서 시작되었습니다.
> 본문은 제7 나팔을 불 때 요한이 본 것을 기록한 것입니다.

설교를 이끄는 관점

그런데 이상한 점이 몇 가지 있습니다.
1. 제7 나팔은 재앙을 알리는 신호입니다.
그런데 본문에는 재앙에 대한 어떤 내용도 없습니다. 어떤 재앙이 임하는지 알아야 대비할 수 있습니다. 그런데 왜 아무런 내용이 없을까요?

2. 16절을 보면 하나님 앞에서 자기 보좌에 앉아있던 24장로들이 엎드려 얼굴을 땅에 대고 하나님께 경배하며 감사를 외치

고 있습니다.

　재앙의 나팔 소리가 날 때 재앙이 아니라 찬송과 감사를 외치는 소리만 들렸다면 제7 나팔이 잘못된 것일까요? 아니면 제7 나팔의 반응이 잘못된 것일까요?

　3. 분명히 14절에 셋째 화가 속히 임하리라 했고, 셋째 화의 시작을 알리는 나팔을 불었는데 이런 일이 일어나다니 어찌된 영문일까요?

　4. 제7 나팔은 재앙을 알리는 소리가 분명합니다. 그런데 왜 재앙은 없고 찬송과 감사가 나옵니까? 그렇다면 이 찬송과 감사는 무엇입니까?

하나님의 목적으로 해결

　모두가 맞습니다.
　제7 나팔은 마지막 재앙이 임할 것을 알리는 신호입니다.
　이 마지막 재앙은 15~16장에서 나타날 일곱 대접 재앙입니다.
　하나님의 진노와 심판은 이 재앙을 끝으로 종지부를 찍게 될 것입니다.

　본문에서 재앙은 없고 찬송과 감사가 나타난 것은,
　본문의 내용이 하나님의 구원과 심판의 완성을 미리 내다 보면서 축하하고 경배하는 내용이기 때문입니다. 계시록은 하나님께서 이루시는 구원 과정과 그 구원 과정을 대적하고 거스르는 세력들이 어떻게 심판을 받게 되는지를 반복적으로 보여주고 있습니다.

본문에 등장하는 24장로는 교회를 의미합니다.
하나님의 구원 계획의 시작과 완성은 교회를 통하여 나타납니다. 그러므로 지상 교회와 천상교회는 모두 하나님의 구원을 영원히 찬양하며 경배해야 합니다.

* 24장로들의 찬양과 경배는 한마디로 감사였습니다.
교회는 감사와 찬양과 경배를 지금부터 영원히 하나님께 올려드려야 합니다.

교회가 감사하고 찬양해야 할 하나님은,

1. "주 곧 전능하신 이"입니다.
계시록에 자주 등장하는 표현으로(1:8, 4:8, 15:3) 아무도 감당할 수 없는 분, 누구도 하나님의 능력을 억제할 수 없는 강력한 주권을 행사하시는 하나님입니다.

2. "옛적에도 계셨고 지금도 계신" 분이십니다.
과거, 현재, 미래에 중단 없이 존재하시는 영원하신 통치자이십니다. 모든 시간 속에 살아계신 하나님을 강조합니다.

3. "친히 큰 권능을 잡고 왕 노릇하시는" 분이십니다.

큰 권능을 잡으셨다는 말은 더 이상 악의 세력들이 어찌할 수 없는 막강한 힘을 최종적이며 항구적으로 장악하셨다는 의미입니다. 그러므로 하나님은 왕 중 왕으로서 절대적인 권세를 가지신 분입니다.

4. 이방인들의 분노를 주의 진노로 다스리시는 분이십니다.

여기서 말하는 이방인들의 분노는 하나님을 대적하는 세력들이 하나님의 공의 앞에서 분노하는 모습입니다. 하나님은 이들의 분노를 주의 진노로 다스리십니다. 더 이상 하나님을 거스르지 못하도록 그들의 분노를 영원히 가두어버리십니다

5. 땅을 망하게 하는 자들을 멸망시키시는 분이십니다.

땅을 망하게 한 자들이란 하나님을 대적하고 하나님의 백성들을 괴롭힌 모든 세력들을 총칭하는 말입니다. 이들은 계시록에서 사탄, 바다짐승(적그리스도), 땅짐승(거짓 선지자), 바벨론(하나님을 대적하는 세상)을 다 포함합니다. 하나님은 이들을 영원한 멸망에 던져버리시는 분이십니다.

6. 하나님의 백성들에게는 상을 주시는 분이십니다.

주의 종, 선지자들과 성도들과 작은 자든지 큰 자든지 주의 이름을 경외하는 자들에게는 상 주시는 것을 결단코 잊지 않으시는 분이십니다. 구체적으로 그들을 열거한 것은 각 사람의 신앙과 행위에 따라서 주시는 보상이 다를 수 있다는 의미입니다.

7. 하나님은 언약하신 대로 심판과 상급을 주시는 분이십니다

(19절).

하늘 성전과 언약궤를 통해 하나님은 교회와 말씀, 약속에 따라서 심판과 복을 주시는 분입니다.

청중 적용

사랑하는 여러분!

1. 하나님의 시간표는 정해져 있습니다.

제7 나팔과 함께 마지막 7대접 재앙이 준비된 것을 보여주신 것처럼 이 땅을 심판하실 하나님의 시간표가 이미 공개되었습니다.

* 지금은 하나님의 진노와 심판이 쏟아지기 전 막간의 시간입니다. 하나님은 이 시간을 통하여 마지막 구원 얻을 기회를 주시고 계십니다.
* 이 사실을 바로 깨달은 바울은 고린도 교회를 향하여 "지금은 은혜 받을 만한 때요 보라 지금은 구원의 날이로라"(고후 6:1~2)하며 교회를 향하여 하나님이 주신 구원의 기회를 붙잡으라고 권고했습니다.

2. 교회가 일어서야 합니다.

24장로가 엎드려 얼굴을 땅에 대고 하나님께 경배했듯이 교회가 자리에서 일어나 하나님을 향하여 엎드려야 합니다.

1) 구원 받아야 할 자들을 위해 엎드려야 합니다.

도처에 숨겨진 하나님의 백성들을 찾아서 구원 받게 하는 일에 교회가 엎드려야 합니다. 이 일을 통하여 하나님의 영광이 나타나고 하나님의 도우심이 임하도록 엎드려야 합니다.

2) 사탄의 세력들을 이기기 위해서 엎드려야 합니다.

사탄은 수단과 방법을 가리지 않고 하나님의 일들과 교회의 복음 운동을 방해할 것입니다. 이들은 악한 영들이며 어둠의 권세를 가진 자들입니다. 이들과 싸워 이기기 위해서 엎드려야 합니다. 이들을 이기는 힘이 하나님으로부터 엎드린 자에게 임하기 때문입니다.

3) 하나님의 구원과 심판을 바라보며 감사와 찬송을 드리기 위해 엎드려야 합니다.

모든 하나님의 교회들은 하나님을 높이고 경배하기 위해서 엎드려야 합니다.

엎드리는 것이 교회와 성도의 사명입니다. 하나님이 세세무궁토록 영광을 받으시도록 엎드려야 합니다.

청중 결단

교회는 하나님의 언약을 끝까지 선포해야 할 사명이 있습니다.
하나님의 언약이 선포될 때 세상은 번개와 음성들과 우레와 지진과 큰 우박으로 하나님의 살아계심을 알게 될 것입니다.

CHAPTER 37

한 여자

계 12:1~6

> **여 자**
> 요한의 눈에 하늘의 이적이 보였습니다. 지금까지 한 번도 보지 못했던 한 여자가 보였습니다.
> 요한이 본 한 여자는 그 모습이 아주 독특하고 보통 여자하고는 전혀 다른 모습이었습니다. 1~2절에 이 여자에 대한 모습이 나옵니다. 이 여자는 해를 옷처럼 입었고 그 발아래는 달이 있고 그 머리에는 열두 별의 관이 있었습니다.

설교를 이끄는 관점

도대체 이 여자는 누구입니까?

이 여자의 모습을 자세히 보면 일반적인 여인의 모습이 아니라 왕의 모습처럼 보입니다. 2절에는 이 여자가 아이를 배어 해산할 때가 되매 아파서 애를 쓰며 부르짖는 모습도 보였습니다.

이 여자가 가진 아이는 누구의 아이입니까?

해산의 때가 되면 해산의 고통으로 괴로워하는 것이 여인들의 상식적인 일입니다.

왜 이런 모습을 요한에게 보이시는 것일까요?

여러분은 이 여자가 누구인지 알고 있습니까?

하나님의 목적으로 해결

이 여자는 보통 여인이 아닙니다. 하나님께서 이 여자를 보이신 것은 이 여자를 통하여 말씀하시려는 메시지가 있습니다. 이 여사는 구약과 신약의 영광스런 교회입니다.

계 12장은 여자(교회)와 용(사탄)의 싸움을 보여주는 곳입니다. 하나님은 요한의 눈을 통하여 지상 교회의 사명과 교회를 박해하는 정체 그리고 교회의 궁극적 승리를 보여주셨습니다.

1. 여자의 모습은 교회입니다(1~2절).

* 해를 입었다는 말은,
교회는 영광에 둘러싸여 있는 곳이라는 의미입니다.
교회는 하나님의 해 같은 영광과 비춰심이 머무는 곳입니다.

* 그 발 아래 달이 있다는 말은,
달은 해가 떠오르면 사라지는 것처럼 신약 교회는 구약 교회의 배경으로 이루어졌음을 의미합니다. 구약 교회가 없이는 신약교회는 존재할 수 없습니다.

* 그 머리에 열두 관을 쓰고 있다는 말은,
교회는 구약의 12지파와 신약의 12사도를 중심으로 이루어졌음을 의미합니다.

* 해산의 고통을 보여주신 것은,
교회는 예수 그리스도를 전하는 일에 해산하는 고통과 괴로움이 동반됨을 알려주셨습니다. 복음 전파는 해산의 고통입니다.
그러므로 이 여자는 신구약 시대의 전(全) 교회입니다.
신약과 구약의 교회는 본질적으로 하나입니다.

2. 이 여자가 낳은 아이는 예수 그리스도입니다(5절).

"여자가 아들을 낳으리니"(창 3:15)

여기서 아들은 교회를 통하여 이 땅에 오신 예수 그리스도이십니다.
예수님은 장차 철장으로 만국을 다스릴 남자이십니다. 예수님을 전하는 교회의 복음 증거를 방해하거나 믿지 않는 자들이 철장의 다스림을 받을 자들입니다. 예수님은 이 땅에 오시기까지 해산하는 여인같이 진통하는 어려움을 겪고 이 땅에 오셨습니다.

3. 이 여자의 해산을 가로막는 세력은 사탄입니다(3~4절).

교회의 복음 운동을 가로막는 정체는 사탄입니다. 사탄은 큰 붉은 용입니다.

1) 큰 붉은 용의 정체는 옛 뱀, 마귀입니다.
이는 하나님의 백성들을 대적하는 세력입니다.
용의 머리에 있는 왕관과 뿔은 용이 행사할 권세를 의미합니다.
용(사탄)은 잠시 동안 권세를 가지고 교회와 복음 운동을 저지하려고 모든 짓을 다할 것입니다.

2) 마귀는 타락한 천사들로서 계속해서 성도들을 미혹합니다.

"그 꼬리가 하늘의 별 삼분의 일을 끌어다가 땅에 던지더라 용이 해산하려는 여자 앞에서 그가 해산하면 그 아이를 삼키고자 하더니"(4)

하늘에서 떨어진 별들은 타락한 천사들입니다. 사탄은 그 꼬리로 천사들을 끌어다가(미혹하여) 땅에 던졌습니다. 지금 이 땅은 사탄의 세력들이 교회의 복음 운동을 방해하는 기간입니다. 사탄의 목적은 교회와 예수 그리스도를 방해하여 교회를 무너뜨리는 일입니다.

3) 지상 교회는 사탄과의 싸움을 피할 수 없습니다.

"그 여자가 광야로 도망하매"(6)

여자의 도망은 교회의 수난을 의미합니다.
이 땅은 광야로 시험과 환난을 피할 수 없는 곳입니다. 하지만 그 고난과 시험도 1,260일 뿐입니다. 고난의 기간이 정해져 있습니다. 사탄이 멸망 받을 시간이 곧 도래할 것입니다. 이 기간 동안 교회는 사탄과 싸워 이기면서 해산의 고통을 견디면서 복음으로 하나님의 백성들을 낳아야 하는 사명이 있습니다.

4. 교회는 반드시 승리합니다.

"그 아이를 하나님 앞과 그 보좌 앞으로 올려가더라"(5)

이는 교회와 그리스도의 궁극적 승리를 의미합니다.
그동안 지상 교회를 공격하고 괴롭혔던 마귀의 공격에서 완전한 승리를 의미합니다. 예수 그리스도의 부활과 승천처럼 교회는 다시 일어설 것이며 최후의 승리는 교회와 예수 그리스도의 것입니다.

청중 적용

사랑하는 여러분!

1. 시험과 환난을 두려워하지 말아야 합니다.

시험과 환난은 교회와 성도들을 무너뜨리려는 사탄의 공격입니다. 하지만 우리는 이 사실을 모르고 시험과 환난 앞에서 사탄이 좋아하는 짓을 합니다.

1) 시험과 어려움을 당연한 것으로 여기지 않고 원망하고 불평합니다.

2) 교회 생활에서 찾아오는 어려움을 견디지 못하고 교회를 떠나가거나 세상으로 나아가는 자들도 적지 않습니다.

3) 특히 교회의 사명인 복음 증거에 대하여 부정적이며 대적

하는 자세를 갖기도 합니다.

이는 사탄이 미혹하고 넘어뜨리려는 것이므로 미리 대비하고 싸워서 이겨야 합니다.

2. 사탄을 이기는 힘은 교회를 통하여 공급됩니다.
교회는 사탄을 제어하도록 예수 그리스도의 능력이 공급되는 곳입니다.

1) 교회는 예수님의 권세가 있습니다.
교회 안에는 예수님의 영광과 능력이 있습니다. 그 어떤 사탄의 세력도 예수님의 영광과 권세를 이길 수 없습니다. 사탄을 이기는 권세는 교회 안에 있을 때 예수님께서 공급하십니다.

2) 교회는 복음 증거로 사탄을 이길 수 있습니다.
사탄의 목적은 복음을 저지하는 일입니다.
복음 증거가 약해질 때 사탄이 득세하지만 복음 증거가 활발해지면 잠시 사탄이 이기는 것처럼 보여도 결국 사탄은 복음 앞에서 물러가게 됩니다.
사탄을 이기는 능력은 복음 증거입니다.
사탄을 이기는 능력은 예수님 증거입니다.

3) 교회는 하나님께서 친히 양육하시는 곳입니다.
하나님의 보호와 이끄심은 교회를 통하여 이루어집니다.
그러므로 힘들고 지칠수록 교회 앞으로, 하나님 앞으로 나와야 합니다.

청중 결단

교회 중심 신앙으로 다시 일어납시다!
교회 중심 신앙으로 모든 고난과 어려움을 이겨냅시다!

CHAPTER 38

하늘의 전쟁
계 12:7~12

> **영적 전쟁**
> 요한은 무서운 장면을 목격했습니다. 하늘에서 미가엘과 그의 사자들이 용과 그의 사자들을 상대로 싸우는 장면이었습니다. 이는 하늘에서 벌어지는 영적전쟁이었습니다.

설교를 이끄는 관점

* 이들이 전쟁을 하는 이유는 무엇일까요?
* 이들 전쟁에서 선두를 차지한 사자들과 미가엘, 용 혹은 큰 용은 어떤 자들입니까?

8절을 보면 용과 그의 사자들이 이기지 못하여 다시 하늘에서 그들이 있을 곳을 얻지 못하고 내쫓기었다고 합니다. 용이 이기지 못하고 쫓겨간 곳은 어디입니까?

* 이 전쟁은 요한이 본 것으로 끝난 것입니까!
아니면 이 전쟁이 지금도 계속되고 있는 것입니까?

하나님의 목적으로 해결

이 전쟁은 지금도 계속되는 전쟁입니다.
이 전쟁의 핵심은 사탄이 하나님의 백성들을 대적하여 교회와 복음운동을 방해하는 세력으로 지금도 역사하고 있습니다. 그러므로 우리는 사탄의 계략을 바로 알고 이들을 물리쳐서 복음운동을 승리로 이끌어야 합니다.

1. 사탄의 정체, 실체(7, 9절)

용과 큰 용은 "옛 뱀", 곧 "마귀"와 "사탄"입니다. 사탄은 온 천하를 꾀하여 하나님의 일을 방해하는 것이 목적입니다.

1) 옛 뱀이라 부르는 것은 사탄이 뱀으로 가장하여 에덴을 미혹했던 세력이었기 때문입니다.

2) 마귀는 참소하는 자란 뜻으로 이간하고 거짓말하여 넘어뜨리고 싸움을 일으키는 세력입니다.

3) 사탄은 유다를 유혹했고(요 13:2) 베드로를 공격했으며(눅 22:31), 박해와 미혹으로 사람들을 파멸에 이르게 합니다(2:20, 13:14, 고후 2:11)

4) 사탄의 활동무대는 "하늘"로 공중의 권세를 잡은 자들입니다(엡 2:2).

5) 사탄의 사자들, 부하들은 악한 영들로 귀신들입니다(엡 6:12).

2. 사탄은 하늘에서 쫓겨난 자들입니다(8~9절).
여기서 말하는 하늘과 땅은 장소적인 개념이 아니라 상징적으로 보아야 합니다.

사탄은 하늘에서 패전하여 땅으로 쫓겨났습니다(9절). 사탄이 쫓겨날 때 그의 사자들, 귀신들도 함께 내쫓겼습니다.

사탄은 하늘에서 쫓겨나 이 땅에서 하나님의 백성들을 상대로 또 한 번의 영적전쟁을 치르게 됩니다. 이는 하나님의 백성들이 예수 그리스도와 교회에서 힘을 얻지 못하도록 온갖 참소와 박해로 방해하는 것을 이르는 말입니다.

하지만 사탄의 참소와 박해는 예수님의 십자가와 부활로 또 한 번 결정적으로 패전했기에 더 이상 하나님의 백성들을 정죄하거나 어찌할 수 없습니다. 이 땅에는 사탄의 참소와 박해가 잠시 기승을 부리는 곳입니다.

3. 사탄을 이기는 비결이 있습니다(11절).
미가엘은 하나님의 백성들을 보호하는 천사의 우두머리입니다. 하늘에서 미가엘과 그의 천사들에게 패했던 사탄의 무리들은 이 땅에서도 패할 수밖에 없습니다.

* 11절은 사탄을 이기는 비결을 말씀하고 있습니다.

1) 어린 양의 피로 사탄을 이길 수 있습니다.
어린 양의 피로 죽음의 사자들을 굴복시킨 것처럼 예수 그리스도의 보혈 능력으로 사탄의 권세는 완전히 굴복되고야 맙니다.

2) 예수의 구원을 전하는 복음으로 사탄을 이길 수 있습니다.
예수 그리스도의 십자가와 부활을 증거하는 말씀은 사탄의 권세를 굴복시킵니다. 복음 안에는 하나님의 능력이 나타납니다. 말씀으로 사탄의 권세와 방해를 이길 수 있습니다.

3) 생명을 아끼지 않는 헌신 앞에서 사탄은 더 이상 어찌할 수 없습니다.
사탄은 죽기를 각오하고 헌신하며 복음을 전하는 자들을 이길 수 없습니다. 날마다 자기 십자가를 지고서 예수님을 따르는 자들을 절대 넘어뜨릴 수 없습니다.

4. 사탄을 이긴 자들의 기쁨은 아무도 빼앗을 수 없습니다.
하늘과 그 가운데 거하는 자들이 기뻐하고 즐거워하는 것은 사탄의 패배와 굴복을 체험했기 때문입니다. 이 즐거움과 기쁨은 체험한 자 외에는 아무도 알 수 없는 즐거움입니다.

청중 적용

사랑하는 여러분!

1. 지금은 땅과 바다로 쫓겨난 사탄이 크게 분노하며 소란을 피우는 기간입니다.

하늘에서 패하고, 예수님의 십자가와 부활로 패배한 사탄은 자기의 때가 얼마 남지 않았다는 사실을 알고 기승을 부리고 있습니다.

* 사탄의 표적은 하나님의 자녀들입니다.

불신자는 사탄의 수하에 있는 자들이기에 그들을 시험하거나 괴롭히지 않습니다.

불신자들은 그대로 두면 사탄의 목적대로 멸망에 이르기 때문입니다. 하지만 신자들은 사탄의 표적입니다. 이 신자들을 참소하고 박해해서 하나님에게서 떨어뜨려야 하기 때문입니다.

* 그러므로 지금은 영적전쟁의 때입니다.

신자는 누구나 사탄의 표적이 되고 공격대상입니다. 하지만 두려움과 공포심을 갖지 말아야 합니다. 사탄은 이미 패전했기 때문입니다.

사탄을 이기는 방법이 우리에게 있기 때문입니다.

2. 예수님이 사탄을 이기는 승리의 비결입니다.

땅으로 쫓겨난 사탄이 우는 사자처럼 달려들어도 예수 그리스도만 붙들면 사탄은 아무런 힘도 쓸 수 없습니다.

1) 예수님의 피로 사탄을 대적하십시오!

예수님의 보혈은 죄와 사탄의 권세를 이기는 유일하고 참된 능력입니다.

예수님의 이름으로 사탄을 물리치고 쫓아내십시오! 예수님의 이름은 모든 악한 영들을 굴복시키는 권세의 이름입니다.

2) 복음을 증거하십시오!

말씀을 앞세우고 나아가면 사탄을 대적할 수 있습니다. 이미 예수님께서 말씀으로 사탄을 굴복시킨 것을 보여주셨습니다(마 4장). 말씀은 사탄을 굴복시키는 울타리요, 수갑입니다.

3) 물러서지 말고 끝까지 헌신하십시오!

죽기를 각오하고 믿음을 지키며 사명 감당하는 자를 사탄은 절대 무너뜨릴 수 없습니다. 사탄은 약한 자, 물러서는 자를 표적으로 삼습니다.

청중 결단

사탄을 대적하고 영적전쟁의 승리자가 됩시다!
복음으로 무장합시다! → 엡 6:10~20

CHAPTER 39

남자를 낳은 여자

계 12:13~17

> **여자**
>
> 하늘 전쟁에서 내쫓긴 용은 땅을 무대로 새로운 전쟁을 시작했습니다. 이 용의 새로운 전쟁 대상은 여자였습니다.
> 13절 "용이 자기가 땅으로 내쫓긴 것을 보고 남자를 낳은 여자를 박해하는지라."

설교를 이끄는 관점

여기서 용의 공격 대상이 된 여자, 남자를 낳은 여자는 누구입니까?

왜 하필 남자가 아닌 여자를 공격 대상으로 삼았을까요?

용의 공격 대상이 된 여자는 "남자를 낳은 여자"라고 했습니다.

그렇다면 이 여자가 낳은 남자는 누구이며 왜 이 남자를 낳은 여자를 일부러 공격하는 것일까요?

용과 여자의 전쟁은 누가 보아도 여자가 상대가 안 되는 것이 분명합니다.

이 전쟁의 결과는 어찌 되었을까요?

하나님의 목적으로 해결

한마디로 여자의 승리였습니다.
여자를 공격했던 용은 수단과 방법을 가리지 않고 온갖 공격을 퍼부었습니다.
그런데 결국은 용의 계속되는 패배였습니다.

1. 용의 공격 대상이 된 여자는 교회였습니다(13절).

"남자 아이를 낳은 여자"는 예수 그리스도를 배출한 교회입니다.
용이 남자 아이를 낳은 여자를 공격한 것은 교회가 예수 그리스도를 증거하지 못하도록 교회를 무너뜨리려는 사탄의 공세입니다.
교회가 힘을 가질수록 예수 그리스도의 복음이 더 많이 더 넓게 증거되기 때문입니다.

1) 용은 사탄, 마귀입니다.
하나님을 대적하고 교회를 무너뜨리며 성도들을 미혹하는 세력들입니다.

2) 사탄은 여자의 뒤에서 공격했습니다.
교회의 허점과 약점 그리고 예기치 못한 일들로 공격을 합니다.
어떤 경우 전혀 상상할 수 없는 일들이 교회 안에서 시험으로 일어날 수 있습니다.

3) 사탄은 입에서 물을 강같이 토하여 교회를 없애버리려고 합니다.

사탄의 입에서 나오는 물이 무엇인지 정확히 알 수 없지만 거대한 힘과 상상할 수 없는 사건들을 동원해서 교회를 무너뜨리려고 할 것입니다.

2. 용의 어떠한 공격에도 여자는 끄떡없습니다(14절).

용의 공격을 받은 여자는 큰 독수리의 날개를 받아 광야 자기 곳으로 날아가 거기서 뱀의 낯을 피하여 한 때와 두 때와 반 때를 양육 받았습니다.

1) 큰 독수리의 날개

용이 해할 수 없도록 신속한 도피로 안전과 보호가 그 여자에게 임하고 있음을 보여주었습니다.

2) 한 때와 두 때와 반 때는 피할 수 없는 환난 기간으로 그 환난과 박해기간이 길지 않다는 의미입니다.

3) 양육을 받았다는 말은 교회가 광야 세상에서 하나님의 보호를 받는다는 것을 의미합니다.

4) 땅이 도와서 그 입을 벌려 용의 입에서 토한 강물을 삼키니(16절). 이는 하나님께서 이 땅의 교회들을 도우시고 보호하고

계심을 말씀합니다. 하나님의 교회 주변에서 교회와 성도들을 돕는 자들이 여기저기서 일어날 것입니다.

3. 용의 공격은 계속됩니다(17절).

실패를 거듭한 용, 사탄은 다시 교회(여자)를 공격하기 위하여 무장하고 바다 모래 위에 서 있습니다. 사탄의 공격은 여자의 남은 자손들에게 계속됩니다.

여기서 여자의 남은 자손들은 하나님의 계명을 지키며 예수님을 증거하는 전도자입니다. 바른 신앙과 바른 생활로 교회를 지키는 자들이 사탄의 공격 대상입니다.

하지만 염려할 것도 두려워할 것도 없습니다. 사탄은 여자(교회)를 영원히 이길 수 없다는 사실을 알고 있습니다. 그래서 분노한 사탄은 믿는 자들의 발꿈치라도 건드려서 자기 분노를 드러내려고 합니다. 사탄의 교회 공격은 그 모양만 거창할 뿐 실상은 아무것도 할 수 없음을 기억해야 합니다.

청중 적용

사랑하는 여러분!

1. 우리 주변에 교회를 무너뜨리는 세력들이 있습니다.

교회를 공격하는 사탄의 무리들이 적지 않습니다.

이들 또한 수단과 방법을 가리지 않고 교회를 무너뜨리려고 다가옵니다.

용의 입에서 물을 강같이 토한 것처럼 이 사탄의 무리들이 거대한 물질의 힘과 막강한 인원들을 동원하여 교회를 위협하고 있습니다.

이미 많은 교회들이 이들의 치밀한 공격으로 말미암아 흔들렸고 그 피해는 너무도 참담합니다. 이런 사탄의 공격들이 주변에서 계속되고 있습니다.

세상은 이러한 사탄의 앞잡이가 된 거짓 무리들을 분별하지 못하고 오히려 이들에게 더 큰 힘을 보태주고 있다는 사실입니다.

예수의 흔적이 없는 교회는 하나님의 돌보심에서 제외됩니다.

2. 교회는 승리의 장소입니다.

사탄은 그 어떤 공격으로도 교회를 당해낼 수 없습니다.

사탄의 공격을 이기려면
1) 바른 믿음으로 하나되어야 합니다.
사탄은 예수 그리스도에 대한 바른 믿음으로 무장된 교회와 성도를 이길 수 없습니다.

2) 말씀을 붙들고 싸워야 합니다.
사탄은 말씀대로 싸우는 자를 이길 수 없습니다. 말씀은 예수 그리스도의 권세가 담겨져 있기 때문입니다. 사탄을 이기는 권세가 말씀에 있습니다.

3) 예수님을 증거해야 합니다.
예수님의 증거는 두 가지로 나타납니다.
믿는 자들의 복음적인 삶과 그 입의 증거들, 즉 복음전파입니다. 예수님을 외치는 교회는 반드시 승리합니다. 주님께서 돌보시고 책임지시기 때문입니다.

청중 결단

교회를 교회되게 만들어 갑시다.
사탄의 공격을 대비하고 싸워 이기며 복음으로 무장된 교회를 만들어갑시다.

CHAPTER 40

바다에서 올라온 짐승

계 13:1~10

> **짐 승**
>
> 12장 17절에서 요한은 용이 여자에게 분노하여 돌아가서 그 여자의 남은 자손 곧 하나님의 계명을 지키며 예수의 증거를 가진 자들과 더불어 싸우려고 바다 위에 서 있는 장면을 보았습니다. 그리고 잠시 후 바다에서 올라오는 한 짐승을 보았습니다. 그렇다면 13장은 12장에 기록된 붉은 용과 여자 그리고 그 후손들과의 싸움이 계속되고 있다는 말입니다.

설교를 이끄는 관점

이 요한이 본 바다에서 올라온 짐승은 무엇입니까?

자세히 보니 바다에서 올라온 짐승은 뿔이 열이요 머리는 일곱이었으며 그 뿔에는 열 왕관이 있고 그 머리들에는 신성 모독하는 이름이 있다고 했습니다.

* 이 짐승이 바다에서 올라왔다고 했는데 구체적으로 이 짐승

이 올라온 바다는 어디입니까?
* 이 짐승의 모습 또한 끔찍스럽기 짝이 없습니다.
　이 짐승의 모습은 무엇을 상징하는 것입니까?
* 2절에 보면 용이 바다에서 올라온 짐승에게 자기의 능력과 보좌와 큰 권세를 주었다고 했습니다. 이 짐승이 누구이기에 용, 사탄이 이런 능력과 권세를 그에게 준 것입니까?
* 용으로부터 이런 권세를 받은 이 짐승은 용에게 받은 권세로 무슨 일을 벌이려는 것일까요?

바다에서 올라온 짐승의 정체를 살펴보려고 합니다.

하나님의 목적으로 해결

　바다에서 올라온 짐승은 용, 사탄의 하수, 도구입니다. 용으로부터 권세를 받아서 용이 원하는 대로, 시키는 대로 움직이는 자입니다.
　계시록은 상징적인 의미를 전달하고 있습니다.
　요한에게 보여 준 바다에서 올라온 짐승은 교회를 핍박하는 세상 나라들을 상징합니다. 구체적으로 어떤 나라를 지칭하기보다는 전 세계에 걸쳐서 교회와 성도들을 핍박하고 괴롭히는 사탄으로부터 패권을 받은 나라들입니다.

1. 짐승이 올라온 바다는 세계 여러 나라들입니다.

　좀 더 구체적인 내용을 살펴보기 위해서 17:15을 살펴보면,

"일곱 머리 열 뿔 짐승을 탄 음녀가 앉아 있는 물은 백성과 무리와 열국과 방언들"이라고 말씀하고 있습니다. 단 7:3에서도 "큰 짐승 넷이 바다에서 나왔다"고 했는데 단 7장의 네 짐승은 네 나라와 인류 전체를 의미합니다.

2. 이 짐승은 12장에 나오는 붉은 용, 사탄의 도구입니다.

사탄의 도구를 짐승이라고 말한 것은 사탄의 도구들이 잔인하고 포악한 방법으로 핍박할 것을 표현한 것입니다. 짐승은 생각하고 공격하는 것이 아니라 본능과 속성만으로 찢고 멸망시키는 자입니다.

1) 이 짐승은 열 뿔의 권세로 파괴하며 권력을 행사할 것입니다.
열 왕관을 취하여 스스로 자신을 높이며 영광을 강요할 것입니다. "그의 머리에 신성 모독하는 이름"은 사탄의 도구인 세상 나라들이 세상의 임금들에게 자기를 신처럼 내세우며 신으로 섬기기를 강요할 것을 의미합니다.

2) 이 짐승은 표범처럼 빠르고 곰처럼 무자비하며 사자같이 잔인합니다(2절). 감히 이 짐승과 싸워서 당할 자가 없을 만큼 강하게 나타납니다(4절).
이런 짐승을 보면서 온 땅이 놀라며 그 짐승을 따르고 경배합니다(3절). 짐승이 사람들의 경배와 찬양의 대상이 됩니다.

"죽임을 당한 어린 양의 생명책에 창세 이후로 이름이 기록되지 못하고 이 땅에 사는 자들은 다 그 짐승에게 경배하리라"(8)

이 땅에 있는 자들 중 짐승에게 경배하는 자들이 점점 더 많아진다는 사실은 놀라운 일이 아닐 수 없습니다.

3) 이 짐승이 바다에서 올라온 목적은 자신을 신격화해서 하나님을 대적하고 모욕하려는 이유 때문입니다.

"짐승이 입을 벌려 하나님을 향하여 비방하되 그의 이름과 그의 장막 곧 하늘에 사는 자들을 비방하더라"(6)

이 짐승은 하나님의 이름, 예수 그리스도의 구속의 이름을 직접적으로 욕되게 하며 자신을 하늘에서 쫓아낸 미가엘을 비롯한 하늘에 있는 천사들까지 욕되게 합니다.
"비방하더라"는 단순히 입으로만 떠드는 것이 아니라 구체적으로 훼방하는 짓을 한다는 말입니다.

3. 이 짐승은 결말, 끝이 있습니다.

"또 짐승이 과장되고 신성 모독을 말하는 입을 받고 또 마흔두 달 동안 일할 권세를 받으니라"(5)

이 짐승의 결말은 정해져 있습니다. 그래서 이 짐승은 최후의 발악을 하는 것입니다. 42개월=3년 반=1,260일은 예수님이 오신 때부터 다시 오시는 때까지의 기간입니다. 이 기간은 하나님께서 용에게 핍박을 허용하신 기간입니다.
만일 하나님께서 이 기간을 제한하지 않으셨다면 용은 그 기간을 무제한으로 사용했을 것입니다. 그렇다면 성도들의 인내도

한계를 절감했을 것입니다.

4. 이 짐승은 하나님의 교회와 성도들의 믿음을 절대로 이길 수 없습니다(9~10절).

* 성도들은 누구입니까?
1) 12:17, "하나님의 계명을 지키며 예수의 증거를 가진 자들"입니다.
예수님의 십자가와 부활의 흔적을 가슴에 새긴 자들입니다.
예수님의 보혈로 그의 모든 죄와 허물을 씻음 받은 자들입니다.
하나님의 계명, 말씀을 지키는 일에 목숨을 건 자들입니다.
사탄이 두려워하며 쉽게 덤비지 못하고 쳐다보며 고민하는 자들입니다.

2) 죽임 당한 어린 양의 생명책에 기록된 자들입니다.
확실한 구원의 증거를 가진 자들로, 하나님의 생명책에 그 이름이 기록된 하나님의 자녀들입니다. 이 생명책에 기록되지 못한 자들은 영원한 불못에 던져지게 됩니다(20:15).

3) 짐승에게 경배하지 않은 자들입니다.
그 이름이 생명책에 기록되지 못한 자들은 짐승에게 다 경배한다고 했습니다. 그러므로 성도는 어떤 상황에서도 짐승에게 경배하지 않는 신앙의 정절을 지킨 자들입니다.

4) 인내와 믿음을 가진 자들입니다.

짐승이 쏟아낸 환난과 핍박 중에서도 믿음과 인내로 끝까지 구원 받은 자의 증거를 보여준 자들입니다.

5) 짐승의 말을 듣지 않고 하나님의 음성을 듣는 자입니다.
9절에 "누구든지 귀가 있거든 들을지어다"라고 했습니다.
하나님의 음성과 짐승의 음성을 분별하여 듣는 자들이 성도입니다.
성도는 하나님의 음성을 듣고 그 음성에만 반응하는 자들입니다.

청중 적용

사랑하는 여러분!
1. 지금은 바다에 올라온 짐승이 패권을 가지고 움직이는 시대입니다.
사탄의 도구가 된 나라와 족속들이 자신들의 힘을 앞세우며 왕 노릇하는 시대입니다.

* 이들의 권력은 돈과 무기 그리고 식량입니다.
이들은 이런 거대한 힘을 이용해 자기들의 요구대로 복종과 경배를 강요합니다.

* 표면적으로 모든 것을 받아들이며 평화와 안정을 외치지만 속내는 교회와 복음 전파를 핍박하고 있습니다.
* 나라와 권세를 배경으로 한 핍박의 세력들이 점점 더 강해지

고 있으며 그들의 노골적인 복음 방해는 도를 넘어선 지 이미 오래 되었습니다.

2. 흔들리지 말아야 합니다.

짐승을 이기는 힘은 돈과 권력이 아닙니다. 세상 나라와 권세자들을 이길 힘은 핵무기가 아닙니다. 바다에서 올라온 짐승, 힘을 과시하며 합법적인 나라의 명분으로 복음을 거스르는 자들을 이길 힘은 오직 예수입니다.

1) 오직 예수!!
죽음 당한 어린 양을 이길 나라와 권세는 없습니다.
예수님은 십자가 위에서 모든 나라와 권세와 백성들을 굴복시키셨습니다.
짐승은 예수님의 십자가 권세를 넘어설 수 없습니다.

2) 믿음입니다!!
믿음이란 흔들리지 않는 신앙 결단입니다. 그 어떤 짐승의 핍박 앞에서도 요동하지 않으며 믿음을 지키는 것이 짐승을 이기는 비결입니다.
믿음은 인내의 통로를 통해서 그 진가를 나타냅니다. 믿음과 인내는 하나입니다.

3) 하나님의 음성에 귀를 기울이십시오.
하나님의 음성을 들어야 사탄의 소리, 유혹을 이길 수 있습니다.
하나님의 음성은 믿음과 인내를 도우시는 하나님의 손길입니다.

청중 결단

적은 무리여, 무서워 마십시오!
하나님께서는 그의 나라를 그들에게 주시기를 기뻐하십니다!

CHAPTER 41

땅에서 올라온 짐승
계 13:11~18

> **짐 승 (땅)**
> 요한은 바다에서 나온 짐승을 본 후에 땅에서도 나온 짐승을 보았습니다.
> 여기서 땅은 하늘과 대조되고 바다와도 대조되는 장소입니다.
> 그 모양도 먼저 나온 바다짐승과도 많이 다릅니다.

설교를 이끄는 관점

땅에서 나온 짐승은 무엇을 의미할까요?
땅에서 나왔다는 것도 어떤 의미를 담고 있을 것입니다.
여기서 짐승이 나온 땅은 어디일까요?

바다의 짐승과 땅의 짐승은 그 모습이 아주 대조적입니다. 바다의 짐승은 거칠고 사납고 잔인한 모습이라면 땅의 짐승은 마치 온순한 새끼 양처럼 작은 두 뿔만 지니고 있습니다.

이 두 번째 짐승, 땅의 짐승의 정체는 무엇일까요?

그리고 이 땅에서 나온 짐승은 앞으로 어떤 일을 하려는 것일까요?

하나님의 목적으로 해결

한마디로 땅에서 나온 짐승의 정체는 거짓 선지자입니다.

넓은 의미에서 온 세상을 미혹하는 거짓 종교와 이방 종교의 지도자 전체를 말합니다. 계 19:20은 땅의 짐승의 정체를 정확히 설명했습니다.

> "짐승이 잡히고 그 앞에서 표적을 행하던 거짓 선지자도 함께 잡혔으니"(19:20)

두 번째 짐승이 올라온 땅도 세속의 상징으로 죄악 된 세상을 의미합니다. 그러므로 이 땅에 수많은 거짓 선지자들이 나타나서 교회와 복음 운동을 대적할 것을 말합니다. 우리는 이 거짓 선지자, 땅의 짐승을 대적하고 복음 운동을 계속하기 위해서 이들의 정체를 바로 알아야 합니다.

1. 거짓 선지자들은 겉으로는 양 같은 모습이 있으나 실상은 용, 사탄의 말을 하는 자들입니다(11절).

"어린 양 같은 두 뿔이 있다"고 했는데 여기서 주목할 것은 "어린 양 같다"는 것입니다. 이 짐승, 거짓 선지자는 어린 양이 아니고 어린 양 같은 예수님의 탈을 쓴 가짜 선지자, 거짓 선지자입니다.

"두 뿔"은 두 증인, 두 촛대, 두 감람나무, 두 선지자인 것처럼 그 모습을 꾸며서 혼란을 야기하는 자란 의미입니다. 하지만 가짜입니다. 실상은 용의 말을 하는 사탄의 도구입니다.

말은 자기 사상의 표현입니다. 그 사람의 정체를 표현하는 것이 언어입니다. 겉으로는 어린 양같이 온순해 보이지만 그 안에는 짐승, 사탄의 본성이 숨겨져 있는 것이 거짓 선지자의 정체입니다.

2. 거짓 선지자들은 바다짐승에게 굴복시키는 것이 목적입니다(12절).

거짓 선지자, 땅의 짐승의 모든 권세는 바다짐승에게서 나왔습니다. 바다짐승이 땅의 짐승들을 수하로 부리며 바다짐승에게 굴복하고 경배하도록 조정합니다. 거짓 선지자는 사람들을 사탄의 나라에 굴복시키고 경배하게 하려는 것이 목적입니다.

1) 땅의 짐승은 사탄의 권세를 가진 자입니다.

거짓 선지자들의 배후에는 사탄이 있습니다. 이들은 사탄의 하수인들입니다. 아무리 천사같이 보여도 그 안에는 사탄이 도사리고 있는 자들입니다.

2) 거짓 선지자는 하나님을 배신하게 합니다.

하나님께 드리는 경배를 사탄에게 경배하도록 신앙과 예배의 대상을 배신하게 합니다. 하나님의 영광을 가로채는 것이 사탄이 하는 일입니다.

3) 거짓 선지자들이 보이는 기적과 이적은 성도를 유혹하려는 술수입니다(13~14절).

사탄은 거짓 선지자를 앞세워 실제로 기적을 행합니다. 이는 사람을 유혹하는 올무입니다. 하지만 그 능력으로 사람을 구원하지 못합니다.

4) 초기 이방 종교에 마술이 성행했습니다(행 13:6, 16:16).

실제 이교도나 적그리스도들이 기적을 행했습니다. 황제의 동상이 말을 하게 하고(복 화술) 표적을 보이며 진리를 어지럽히고 짐승들을 섬기도록 우상화했습니다. 초대 교회시대 황제의 동상을 신처럼 경배하지 않으면 사람을 죽였습니다.

3. 땅의 짐승, 거짓 선지자는 짐승의 표 666을 받은 자들입니다(16~18절).

666은 짐승의 표, 바다짐승의 표입니다. 17절에 "이 표는 짐승의 이름이나 그 이름의 수"라고 했습니다. 18절에서도 "그 수는 사람의 수니 666이니라"고 했습니다.

여기서 사람의 수란,

하나님의 수에 반대되는 의미입니다. 6은 세상의 수이고, 마귀의 수이며, 불완전한 수입니다. 6을 세 번 반복한 것은 마귀의 삼위일체, 즉 짐승의 이름(6), 짐승의 수(6), 사람의 수(6)입니다. 그러므로 666은 적그리스도 국가의 이름이며 적그리스도의 신분과 성격을 나타내는 숫자입니다.

1) 666은 불신앙의 표식이며 멸망의 표식입니다.
모든 불신세력과 멸망의 자식들이 받은 표가 666입니다.

2) 사탄 권세의 표식입니다.
666을 새긴 자는 사탄입니다.

3) 거짓 선지자들이 이 표를 받게 합니다.
13:16절의 "그가"는 땅의 짐승, 거짓 선지자를 말합니다.

4) 모든 자에게 이 표를 받게 합니다(16절).
여기서 "모든 자"는 유기된 자를 의미합니다.

5) 오른손이나 이마에 표를 받게 합니다(16절).
"오른손"은 교제의 수단, 인간 활동을 의미합니다.
"이마"는 인격과 사상의 상징입니다. 그러므로 이 표를 받은 자는 사탄의 지배 속에서 사탄을 위해서 모든 것을 행하게 된다는 뜻입니다.

6) 이 표를 받지 못하면 매매를 하지 못하게 합니다.
이 표를 받지 못하면 생활권을 박탈한다는 의미입니다. 그래서 사람들은 이 표를 자기의 생명처럼 귀하게 여기게 됩니다.

7) 이 표를 받는다는 것은 사탄의 지배 아래 들어감을 의미합

니다.

사탄의 소속이요, 사탄의 소유가 되었다는 말입니다. 그래서 이들은 사탄에게 충성하기 위해서 수단과 방법을 가리지 않고 하나님의 사람들을 대적합니다.

8) 666의 표를 받은 자의 종말은,

① 하나님의 진노의 포도주를 마시게 됩니다.
"누구든지 짐승과 그의 우상에게 경배하고 이마에나 손에 표를 받으면 그로 하나님의 진노의 포도주를 마시리니"(계 14:9b~10a)

② 불과 유황으로 고난을 받게 됩니다.
"불과 유황으로 고난을 받으리라"(계 14:10)

③ 밤낮 쉬지 못하고 영원한 고통에 던져집니다.
"그의 이름 표를 받는 자는 누구든지 밤낮 쉼을 얻지 못하리라"(계 14:11)

④ 짐승과 함께 산 채로 유황불 못에 들어갑니다.
"이 둘이 산 채로 유황불 붙는 못에 던져지고"(계 19:20)

666을 받은 자는 예외 없이 멸망과 영벌에 던져집니다. 그렇기에 666은 멸망의 표요, 저주와 진노의 표입니다.

청중 적용

사랑하는 여러분!

1. 지금은 땅의 짐승들이 기승을 부리는 시대입니다.

바다짐승들이 적그리스도 국가들과 단체들을 등에 업고 땅의 짐승들, 거짓 선지자들이 온갖 것들을 동원하여 교회와 복음운동을 방해하고 대적하고 있습니다.

* 거짓 선지자들의 세력들을 경계해야 합니다.

이들은 짐승의 표 666을 받은 자들로 더 많은 자들을 미혹하여 이 표를 받게 하려고 미혹하는 자들입니다. 이들도 자신들의 힘을 과시하는 온갖 종류의 표들, 경제와 정치, 종교적인 특권을 내세워 신자들의 삶을 힘들게 합니다. 이들의 세력은 쉽게 잠잠하지 않을 것이며 다수의 군중들이 이들을 따르며 그 세력을 과시하게 될 것입니다.

* 주변에서 활동하는 땅의 짐승들을 주목하라!

이 시대에도 통일교의 문선명, JMS 정명석, 신천지 이만희, 하나님의교회 안상홍 등 수 많은 땅의 짐승들, 거짓 선지자들이 있습니다.

2. 이들은 양의 탈을 쓴 늑대요 사탄의 무리입니다.

이들의 유혹은 달콤하지만 결국은 멸망과 진노를 피할 수 없습니다.

1) 복음으로 무장해서 이들을 분별해야 합니다.

바른 복음, 바른 신앙만이 이들을 분별하고 물리칠 수 있습니다.

① 구원의 확신

② 오직 예수
③ 바른 말씀을 따르는 삶
④ 올바른 예배생활

2) 대적하고 싸워야 합니다.

땅의 짐승들은 대적의 대상입니다. 물리쳐야 할 사탄의 무리들입니다. 이들을 과소평가해서는 안 됩니다. 어린 양 같은 가면을 쓰고 용의 말을 하는 거짓의 무리요, 사탄의 도구요, 멸망으로 이끄는 자이기에 단호하게 대적하고 물리쳐야 합니다. 한 걸음도 용납해서는 안 됩니다.

3) 하나님의 자녀들은 하나님께서 끝까지 보호하고 책임지십니다.

사탄의 소유된 자들은 멸망과 진노의 결과를 피할 수 없고 영원한 유황불 못을 피할 수 없습니다. 사탄은 아무도 구원하지 못합니다. 자신도 함께 멸망에 던져집니다. 하지만 하나님의 자녀들에게는 영원한 생명과 하나님의 나라가 주어집니다. 하나님은 자기의 자녀들을 끝까지 놓치지 않으십니다.

청중 결단

적기독교 세력, 거짓 선지자를 분별하고 대적합시다!

CHAPTER 42

십사만 사천

계 14:1~5

> **십 사 만 사 천**
>
> 계 14장은 일곱 째 천사가 나팔을 불고 난 다음(11:15) 일곱 대접 재앙이 일어나기 전(16:1~2) 사이에 벌어진 계시입니다.
> 1절에서 요한은 다시 한 번 어린 양을 보았습니다. 이번에 본 어린 양은 시온산에 서 있었고 그의 곁에는 십사만 사천 명도 함께 했습니다.

설교를 이끄는 관점

요한이 본 시온산은 어디일까요?

당연히 천상세계, 하나님의 왕국입니다. 그런데 그의 곁에 서 있는 십사만 사천은 누구이며 왜 이들의 숫자를 정확히 밝히고 있을까요?

어린 양이 서 있는 시온산이 하나님의 왕국이라면 십사만 사천 명은 분명 구원 받은 하나님의 백성들입니다. 그런데 어째서 천국에 서 있는 구원 받은 자들의 숫자가 십사만 사천 명 밖에 되지 않습니까?

창세 이래 구원 받은 자들의 숫자가 십사만 사천뿐이라면 아주 심각한 일입니다.

이들은 누구이며 왜 십사만 사천 명뿐입니까?

하나님의 목적으로 해결

요한계시록은 상징을 통하여 계시를 보여주고 있습니다.

요한이 본 십사만 사천 명도 역시 상징적인 숫자입니다. 한마디로 십사만 사천 명은 창세 이래 전 세기 동안 구원 받은 성도들의 총수입니다.

이들의 숫자를 십사만 사천이라고 정확히 밝히는 것은 성부 하나님께서 어린 양 예수 그리스도를 통하여 구원 받고 시온산에 설 자들의 이름과 숫자를 정확히 알고 계시다는 의미입니다.

1. 이들이 어린 양과 함께 시온산에 서 있는 것은(1절) 예수님과 함께 승리한 자들이기 때문입니다.

어린 양 예수님께서 십자가를 이기시고 죄와 죽음에서 승리하셨듯이 이들도 예수님을 통하여 사망의 권세를 이기고 승리했습니다.

2. 이들은 구원 받은 증거를 가진 자들입니다(1절).

이들의 이마에는 어린 양의 이름과 그 아버지의 이름이 새겨져 있습니다.

이들의 이마에 새겨진 그것이 구원 받은 도장입니다. 하나님께서 자신의 소유된 백성을 모두가 알도록 각 사람의 이마에 도장을 찍으셨습니다.

3. 이들은 영원한 새 노래를 부르는 자들입니다(2~3절).

이들의 입에서는 영원토록 새 노래가 흘러나옵니다. 이 새 노래는 어린 양 예수님께 드리는 찬양입니다. 구원의 찬양, 감사와 영광의 찬송입니다. 이는 쉬지 않고 부르는 새 노래요, 멈출 수 없는 노래입니다.

4. 이들은 땅에서 속량 받은 자들입니다(4절).

육신으로 땅에 거하는 동안 전도자들의 복음을 듣고 예수님을 영접하고 구원의 확신을, 죄 사함을 받은 자들입니다.

* 이들은 누가 보아도 하나님의 백성들이었습니다.
1) 신앙의 정절을 지켰습니다.
여자와 더불어 더럽히지 않은 순결함으로 믿음을 지키는 것을 우선한 자들입니다.

2) 어린 양이 이끄는 대로 충성한 자들입니다.
주님이 원하시는 것이라면 무엇이라도 주저하지 않은 자들입니다.

3) 진실과 정의를 보여준 자들입니다.

입에는 거짓말이 없고 흠이 없는 자들, 진실과 정의로 살기 위해서 발버둥을 친 자들입니다.

5. 하나님께 바쳐진 자들입니다(4절).

여기서 처음 익은 열매는 첫 열매로서 하나님께 바쳐진 하나님의 소유됨을 의미합니다. 이들은 일평생을 하나님께 드려진 자, 구별된 자로 살았습니다.

* 결국 십사만 사천은,
특별한 존재들, 영광의 존재들, 축복의 존재들, 하나님께서 기뻐하시는 존귀한 자들입니다.

청중 적용

사랑하는 여러분!
1. 14만 4천에 대한 거짓 증거들이 있습니다.

사탄의 특성은 거짓말입니다. 속이고 빼앗는 것이 사탄의 특기입니다. 그래서 사탄의 유혹은 달콤하지만 결국은 모든 것을 잃어버리고 버림받게 됩니다.

사탄의 무리들은 십사만 사천을 문자적으로 해석하고 어서 속히 그 숫자에 들어와야 한다고 다그치며 숫자 안에 들어가려는 자들에게 이런 저런 것들을 요구합니다.
* 명백한 거짓말입니다.

누구도 그 숫자를 셀 수도 없고 이 14만 4천 명 안에 들어갔는지 물리적인 것을 헌납함으로 확인할 수 없습니다.

정말 전 세기 동안 구원 받은 자가 십사만 사천이라면 왜 예수님께서 이 땅에 계시는 동안 이런 말씀을 하지 않으셨을까요?

오히려 예수님께서는 모든 족속으로 제자를 삼아서 아버지와 아들과 성령의 이름으로 세례를 주라고 명령하셨습니다. 결단코 숫자는 상징일 뿐, 문자적 해석은 거짓말입니다.

사탄이 조바심을 이용하여 넘어뜨리고 짐승의 표를 받게 하려는 사기입니다.

* 누구도 속아서는 안 됩니다!

2. 구원은 어린 양 예수 그리스도께만 있습니다.

숫자나 특정한 행위가 아니라 어린 양 예수 그리스도를 믿는 자는 누구든지 구원을 받습니다.

1) 예수님은 죄와 사망을 이기시고 승리하셨습니다.

예수님을 믿는 자는 예수님처럼 죄와 사망에서 승리하게 되며 시온산에 서게 됩니다. 그 숫자는 능히 헤아릴 수 없으며 오직 하나님만이 알고 기억하십니다.

2) 믿음을 지키고 신앙의 정절을 지키십시오.

사탄의 거짓말을 분별하고 죄를 버리는 적극적인 신앙을 해야 합니다. 사탄의 속임수에 넘어가면 영원히 십사만 사천에서 제외됨을 잊지 말아야 합니다.

3) 승리는 하나님의 자녀들 몫입니다.

시온산에서 어린 양과 함께 영원히 새 노래를 부르며 영광의 삶을 누리는 자는 오직 어린 양의 피로 구원 받은 자뿐입니다.

청중 결단

사탄의 미혹에 주의합시다!
철저한 교회 중심의 신앙을 합시다!

CHAPTER 43

영원한 복음
계 14:6~12

> **세 천사의 음성**
>
> 요한은 다른 천사가 공중으로 날아가며 큰 음성으로 외치는 소리를 들었습니다. 여기서 등장하는 "다른 천사"는 새로운 메시지(계시)를 전달하실 때 사용하시는 계시 전달 방법입니다. 천사가 날아가면서 큰 음성을 전했다는 것은 대단히 시급한 내용을 모두가 듣게 하기 위해서입니다.
> 본문에서 또 다른 세 천사가 첫 번째 천사 뒤를 따라가면서 외쳤습니다.

설교를 이끄는 관점

이 세 천사가 큰 음성으로 전한 내용은 무엇일까요?

얼마나 다급한 내용이기에 날아가면서 큰 음성으로 외친 것일까요?

* 이 세 천사가 외친 것을 요약해 보면,

첫 번째 천사는

"그가 큰 음성으로 이르되 하나님을 두려워하며 그에게 영광을 돌리라"(7)

두 번째 천사는

"무너졌도다 큰 성 바벨론이여 모든 나라에게 그의 음행으로 말미암아 진노의 포도주를 먹이던 자로다"(8)

세 번째 천사는

여러분은 이 세 천사가 외치려는 내용을 듣고 하나님께서 이들을 통하여 무슨 말씀을 하시려는지 알 수 있겠습니까?
귀 있는 자는 성령께서 요한에게 그리고 오늘 우리에게 주시려는 음성을 깨닫게 됩니다.

하나님의 목적으로 해결

하나님께서 세 천사를 통하여 큰 음성으로 요한과 오늘 우리에게 듣게 하시려는 것은 6절에 답이 있습니다.

"모든 민족과 종족과 방언과 백성에게 전할 영원한 복음을 가졌더라"(6)

이 세 천사는 영원한 복음, 변치 않는 복음, 지상과 천상에서도 동일한 복음을 전함으로 마지막 재앙을 대비하라고 외치게 하셨습니다.

우리는 이 세 천사가 증거한 영원한 복음을 우리의 가슴에 새겨야 합니다.

1. 복음은 모든 민족과 백성들에게 동일한 구원과 심판을 선고합니다(6절).

땅에 거하는 모든 자들이 복음을 듣고 구원 받아야 할 대상이며 복음을 거부하는 자는 그 누구라도 하나님의 진노의 잔을 피할 수 없습니다.

2. 천사가 전한 복음을 영원한 복음이라 한 것은 그 복음의 내용과 결과가 이 땅에서부터 천상에 이르기까지 변하지 않기 때문입니다.

지금 천상에서 요한에게 큰 음성으로 전한 내용은 이미 지상 교회가 듣고 믿고 전하던 내용입니다. 그러므로 이 복음을 믿고 전하는 일에 흔들리지 말라는 격려입니다.

3. 영원한 복음의 내용은,

1) 하나님을 두려워하고 그에게 영광을 돌리라는 것이 복음의 핵심입니다(7절).

하나님께만 영광을 돌려야 할 이유는, 그 분만이 심판의 권세(시간)를 쥐고 계시며 모든 만물의 주인이시기 때문입니다.

2) 복음을 거부하고 짐승의 표를 받은 자들은 반드시 멸망에 이르게 됩니다(8~11절).

"큰 성 바벨론"은 이 땅의 사람들을 타락시킨 주범입니다.

이는 그리스도를 대적하고 사람들을 유혹하여 타락시킨 짐승들입니다. 하나님은 큰 성 바벨론과 그를 따르던 모든 자들에게 반드시 진노의 포도주를 마시게 합니다.

짐승과 우상에게 경배하고 이마나 손에 짐승의 표를 받은 자는 반드시 지옥에 던져집니다. 짐승의 표를 받은 자는 누구든지 밤과 낮을 쉬지 못하고 거룩한 천사들과 어린 양 앞에서 불과 유황으로 고난을 받게 됩니다. 이는 영원한 복음을 거절하고 대적하는 자들에게 임하는 영원한 고통과 저주입니다.

* 짐승의 표는(13:16~18)

거짓 선지자가 발행하는 666 불신앙의 표, 멸망의 표, 하나님께 속하지 않고 사탄에게 속했다는 표식입니다. 하나님을 불신하고 반대하고 대적한 자들에게 임한 멸망의 표식입니다.

3) 끝까지 믿음을 지킨 자는 반드시 영생복락을 누립니다.

영원한 복음 안에 있는 자는 하나님의 진노의 포도주를 절대 마시지 않습니다(12절).

"성도들의 인내가 여기 있나니"(12)

"성도들"이란, 짐승의 표를 받지 않은 하나님의 어린 양의 피로 구원 받은 자들입니다. 거룩한 무리요, 그 이마에 하나님의 인을 맞은 자들입니다.

그들은 하나님의 계명을 지킨 자들입니다.

성도들은 인내하면서 계명과 하나님의 말씀, 영원한 복음 진리를 끝까지 붙잡고 지킨 자들입니다.

예수에 대한 믿음을 지킨 자들입니다.
"오직 예수" 외에는 그 어느 것도 거부한 자들입니다. 예수 밖에는 구원이 없음을 알고 오직 예수님만을 섬기기 위해서 모든 것을 헌신한 자들입니다. 믿음을 지키기 위해서 세상 것을 포기한 자들입니다.

청중 적용

사랑하는 여러분!
1. 지금도 공중에 날아가면서 외치는 큰 음성이 있습니다.
이는 교회와 전도자들을 통하여 외치게 하시는 영원한 복음입니다. 하지만 이 복음을 방해하는 세력들의 힘이 대단히 거셉니다.

* 큰 성 바벨론의 세력입니다.
이는 시대에 따라 여러 가지 색깔로 나타나면서 그리스도인들을 방해하고 유혹하는 자들입니다. 큰 붉은 용의 세력을 받아서 활동하는 짐승들의 세력으로, 하나님의 나라와 그리스도를 대항하는 세력입니다. 거짓 선지자들이며 교회와 복음을 무너뜨리려는 세력들입니다.

* 짐승의 표를 받은 자들입니다.
짐승을 따라서 섬기며 경배하는 자들입니다. 다른 신을 섬기는 음행하는 자들이며 이마와 손에 666표를 받은 불신 세력, 멸망의 세력들입니다.

* 이들이 복음과 신자들을 대적하고 방해하기 위해서 노골적으로 사용하는 방법은 쾌락입니다.
"하나님의 진노의 포도주." 여기서 포도주는 이들이 즐겼던 음행과 쾌락, 타락을 심판으로 받게 되는 것을 말합니다.

2. 복음을 듣고 믿음을 지킨 자는 반드시 복을 받습니다.
복음의 결과는 복입니다. 그래서 복음은 기쁜 소식입니다.
복음은 이 땅에서도 천상에서도 변하지 않는 기쁜 소식이며 축복의 음성입니다.

1) 성도는 복음 안에 거한 자입니다.
"바벨론, 짐승, 666" 등은 복음 밖에 있는 멸망 받을 자들에게 붙여진 이름입니다. "성도"는 어린 양 예수의 보혈로 죄 씻음과 구원의 확신을 가진 자이며 하나님의 자녀로 구별된 자입니다. 성도는 복음 안에 있는 복된 자입니다.

2) 성도들의 표식이 있습니다.
짐승의 표 666이 있듯이 성도들에게는 그 이마에 "하나님의 인", 하나님의 자녀를 확증하는 도장이 있습니다. 우리의 눈으로는 식별이 불가능하지만 삶을 통해서 성도가 누구인지 알 수 있습니다.

* 성도의 표식은 3가지입니다.
  인내하며 배신하지 않는 자
  계명을 지키는 자
  예수님께 대한 믿음을 지키는 자

3) 성도에게는 영원한 안식이 있지만 복음을 거부한 자는 밤과 낮을 쉬지 못하는 고통이 영원히 계속됩니다.

청중 결단

복음을 지키고 복음을 전하는 것이 교회와 우리의 사명입니다.
당장 큰 소리로 영원한 복음을 외쳐야 합니다.
복음의 소리를 멈추면 사탄의 소리가 더 크게 공중에 날아다닐 것입니다. 사명을 가지고 이 사탄의 소리를 막아야 하고 싸워야 합니다.

오직 복음입니다!
오직 예수입니다!

CHAPTER 44

주 안에서 죽는 복
계 14:13

> **죽음 (주 안에서)**
> 하늘에서 음성이 들렸습니다. 계 14장 이전에 네 번의 하늘의 음성이 있었습니다(10:4, 8, 11:12, 14:2). 이는 모두 하나님의 직접적인 음성이었습니다.
> 본문에서도 요한을 향하여 목적을 가진 하늘의 음성이 들렸습니다. 하늘에서 요한에게 들려주신 음성은 "이르되 기록하라 지금 이후로 주 안에서 죽는 자들은 복이 있도다" 하는 것이었습니다.

설교를 이끄는 관점

한마디로 주 안에서 죽는 자들이 복이 있으니 이 사실을 기록해서 알리라는 음성입니다. 정말 주 안에서 죽는 것이 복이라는 말씀을 기록해서 잊지 않도록 전달하는 것이 맞을까요?

주 안에서 복이 있다면 죽는 것이 아니라 사는 것입니다.

죽는 것은 복이 아니라 슬픔이고 절망이고 끝입니다.

누가 주 안에서 복된 자가 되려고 죽음을 선택하겠습니까?

주 안에 복이 있다는 사실을 기록하여 모두에게 알리시려면 주 안에 있는 자들에게는 죽음도 이기고 고통도 면해주신다는 소망의 음성을 주셔야 합니다.

이미 죽어버린 자에게 복이 있은들 무슨 의미가 있겠습니까?

그런데 왜 주 안에서 죽은 자들은 복이 있다는 사실을 일부러 기록하라고 하셨을까요?

하나님의 목적으로 해결

죽음이 끝이 아니기 때문입니다. 죽음은 또 다른 세계로 들어가는 과정입니다. 결단코 죽음은 모든 것을 끝내고 잊어버리는 것이 아닙니다.

두 가지 죽음이 있음을 기록하라 하셨습니다.

불과 유황으로 밤낮 쉼을 얻지 못하는 죽음이 있고(10~11절), 그들이 수고를 그치고 영원한 안식을 누리는 죽음이 있습니다(13절). 분명히 복된 죽음이 있음을 믿어야 합니다.

1. 주 안에서 죽은 자들은 누구입니까?

여기서 "주 안에서 죽은 자들은" 포괄적으로는 모든 신자를 의미하지만 본문에서는 믿음을 지키다 죽은 자들, 순교자들을 의미합니다(2:13, 13:15).

* 순교자란,

믿음 지키다가 핍박과 고통 중에 죽은 자들이란 의미도 있지만 끝까지 믿음을 가지고 세상과 싸우다 믿음으로 죽은 자들 전부를 말하기도 합니다.

2. 이들의 죽음을 기록하라 하신 이유는 무엇입니까?

이들의 죽음을 기록하라는 것은, 죽는 순간을 기록하여 죽은 자들의 명단에 올리라는 의미는 아닙니다. 이들의 죽음을 기록하라는 것은 이들이 믿음으로 살아온 삶의 전부를 기록하라는 의미입니다. 하나님께서 알고 계시다는 의미이기도 합니다.

이들의 삶이 하나님의 눈에 기록할 만한 가치가 있기 때문입니다.

3. 이들이 받을 복은 무엇입니까?

이들이 받을 복은 두 가지입니다.
하나는 안식이고 또 하나는 상급입니다.

1) 그들이 수고를 그치고 쉬리니.

주 안에서 죽은 자들이 세상에서 믿음을 지키기 위해서 수고하고 애쓴 모든 것을 알고 계시기에 더 이상은 수고가 없는 영원한 안식을 복으로 주셨습니다. 여기서 "쉰다"는 것은 불과 유황으로 밤낮 쉼을 얻지 못하리라는 것과 대조되는 복입니다.

2) 그들의 행한 일이 따름이라.

"그들이 행한 일"은 이들이 세상에서 주님을 위하여 감당한 십자가입니다. 자기에게 주어진 사명을 감당하고 짐을 진 것에 대한 상급입니다.

* 계시록은 성도들이 받을 7가지 복을 선포하고 있습니다.

"이 예언의 말씀을 읽는 자와 듣는 자와 그 가운데 기록한 것을 지키는 자는 복이 있나니"(1:3)
"수고를 그치고 쉬리니 이는 그들의 행한 일이 따름이라"(14:13)
"누구든지 깨어 자기 옷을 지켜 벌거벗고 다니지 아니하며 자기의 부끄러움을 보이지 아니하는 자는 복이 있도다"(16:15)
"어린 양의 혼인 잔치에 청함을 받은 자는 복이 있도다"(19:9)
"첫째 부활에 참여하는 자들은 복이 있고"(20:6)
"이 두루마리의 예언의 말씀을 지키는 자는 복이 있으리라"(22:7)
"자기 두루마리를 빠는 자들은 복이 있으니 이는 그들이 생명나무에 나아가며 문들을 통하여 성에 들어갈 권세를 받으려 함이로라"(22:14)

청중 적용

사랑하는 여러분!

1. 죽음을 끝이라고 여기고 생명을 함부로 여기는 것은 영원한 멸망에 이르는 길입니다.

죽음은 끝이 아니라 영원한 세계로 나아가는 문입니다.

* 지금 나는 죽음을 맞이할 준비가 되었습니까?

"주 안에서" 죽음을 준비하지 못했다면 큰일입니다. 주 안에서 죽지 않은 자들은 불과 유황으로 고난 받는 지옥의 권세를 피할 길이 없기 때문입니다.

　* 이 땅의 삶은 팔십과 구십, 백세에 끝나지만 내세의 삶은 영원합니다.

　끝이 없는 시간을 살아야 합니다(히 9:27, 시 90:10~12).

　* 지금이 내세를 준비할 시간입니다.
　　복된 죽음을 준비할 시간입니다.

　2. 죽음을 두려워하지 마십시오.

　주 안에서 죽은 자들을 위하여 영원한 안식과 상급이 예비되어 있습니다.

　하나님은 내가 하나님의 자녀 된 순간부터 죽음에 이르는 순간까지 나의 전부를 아시고 상급을 준비하고 계십니다.

　1) 주님을 떠나지 마십시오.

　죽음이 두려운 것은 그 안에 어린 양 예수님이 없기 때문입니다. 예수님이 없는 자들은 사탄이 죽는 순간 지옥으로 데려가려고 준비하고 있기에 두려운 것입니다.

　사탄은 이 땅에 거하는 동안 죄로 인하여 절망스러운 삶을 살도록 방치했다가 영원한 죽음, 지옥에 던져질 자입니다. 예수님 안에 있지 않은 자들이 사탄의 표적입니다. 하지만 예수님 안에 있다면 아무것도 염려하지 않아도 됩니다. 예수님은 당신의 자녀들을 끝까지 영원한 안식의 세계로 인도하십니다.

　2) 신앙을 지키십시오.

신앙을 지키는 것은 이 땅과 내세에 복 받을 일입니다.

하나님은 당신의 자녀들이 이 땅에서 믿음을 지키기 위해서 버리고 포기한 것을 보상해 주십니다(막 10:29~30). 영원한 안식과 상급을 예비하셔서 상상할 수 없는 기쁨과 즐거움으로 영생을 누리게 하십니다.

* 신앙을 지키는 것은 적극적인 헌신을 의미합니다.

말씀에 기록된 대로 철저하게 따르는 목숨 건 헌신의 결과만이 이 땅과 내세에 복을 누리게 합니다. 헌신이 없이는 복도 없음을 기억하십시오.

"이는 그들의 행한 일에 따름이라." 행한 만큼 복을 누립니다!

3) 하나님을 바라보십시오.

잠깐 머무는 이 땅에 모든 것을 투자하지 말고 영원히 머물 하나님과 그의 나라를 위해서 투자하십시오. 이보다 더 좋을 수는 없습니다.

청중 결단

내세 신앙을 회복합시다!(고전 15:58)
1) 고후 5:8~10
2) 딤전 5:24~25

CHAPTER 45

낫을 휘둘러

계 14:14~20

> **낫 (추수)**
> 본문에는 낫을 휘둘러서 추수하는 장면이 두 부분으로 나타나고 있습니다. 14~16절에서는 인자와 같은 이가 낫을 휘둘러서 땅의 곡식을 추수하는 장면이고, 17~20절에서는 또 다른 천사가 낫을 휘둘러서 땅의 포도송이를 거두는 장면이 나옵니다.

설교를 이끄는 관점

땅의 곡식을 거두는 인자와 같은 이는 누구이며 땅의 포도송이를 거두는 다른 천사는 누구입니까?

* 왜 땅의 곡식을 거두는 자와 포도송이를 거두는 자가 다릅니까?
* 낫을 대어서 추수를 한다는 것은 어떤 의미입니까?
* 복음서에는(마 13:37~43) 추수 때를 세상의 끝이라고 했습

니다.

그렇다면 땅의 곡식과 포도를 거두는 본문은 세상 끝을 보여주는 장면이 맞습니까?

* 마지막 때의 모습을 자연계의 추수하는 장면을 통하여 말씀하시려는 목적(계시)은 무엇입니까?

하나님의 목적으로 해결

본문의 추수하는 비유는 세상 끝날의 심판을 보여주는 장면이 맞습니다.

땅의 곡식과 포도는 마지막 날에 거두시는 신자와 불신자의 종말이 어떤 것인지를 보여 주십니다. 추수의 때는 세상 끝날입니다. 곧 알곡은 곡간에, 쭉정이는 풀무 불에 던져지는 시간입니다.

* 추수는 신자와 불신자를 구분시키는 날입니다. 예수님께서 첫 번째 오셔서 씨를 뿌리신 것을 다시 오셔서 직접 거두시는 날입니다.

1. 예수 그리스도께서 직접 추수하십니다(16절).

"인자와 같은 이"는 바로 예수 그리스도이십니다. 그 분의 손에 들려 있는 낫은 예수님께서 세상 끝날 심판자이심을 의미합니다. 예수님의 추수를 막을 자는 아무도 없습니다.

2. 예수님께서 추수하는 곡식은 성도입니다(15~16절).

15절에 다른 천사가 예수님을 향하여 땅의 곡식이 다 익어 거둘 때가 되었다고 했습니다. 여기서 "땅의 익은 곡식"은 택함을 받은 자들을 의미합니다. 다시 말해서 구원 받을 하나님의 백성들입니다.

성경은 여러 곳에서 땅의 곡식(알곡)들을 하나님의 백성들로 표현하고 있습니다(사 21:12, 마 9:37~38, 눅 10:2, 요 4:35~38). 주인이신 예수 그리스도께서 자기 밭에서 알곡을 취하십니다.

3. 포도는 불신자들이며 천사가 추수를 대행했습니다(17~20절).

또 다른 천사가 낫을 가졌는데 그 낫은 예리하다고 했습니다. 이는 쭉정이를 추수하는 천사가 인정사정 두지 않고 추수 심판을 대행할 것을 예고합니다.

포도송이는 불신자들입니다.
땅의 포도를 거두어서 하나님의 진노의 포도주 틀에 던졌다는 것을 보면 분명합니다. 하나님의 진노의 포도주 틀에서 짓밟힌 그들의 피가 말 굴레에까지 닿았고 1,600스다디온에 퍼졌다고 했습니다(19~20절).

이는 하나님의 구원에 도전하고 복음을 대적하고 짓밟은 자들에 대한 하나님의 정의로운 심판이며 그들이 받을 죄값입니다.

틀에 짓밟힌 자들의 피가 1,600스다디온에 이르렀다고 했는데

1스다디온은 약 200미터입니다. 1,600스다디온은 320Km, 서울에서 대구까지의 거리입니다.

이는 하나님의 진노가 얼마나 무서운 것인지를 보여주는 상징적 표현입니다.

4. 불신자들의 심판은 성 밖에서 이루어집니다(20절).

여기서 말하는 "성"은 무엇이든지 속된 것이나 가증한 일 또는 거짓말하는 자는 결코 그리로 들어가지 못하되 오직 어린 양의 생명책에 기록된 자만이 들어오는 새 예루살렘 성입니다(21:27, 히 12:12).

또한 "성 밖"은 그리스도께서 구원을 위하여 심판을 대신 받으신 곳으로 이제는 그리스도를 거절한 자들이 심판 받는 장소입니다.

청중 적용

사랑하는 여러분!

1. 인자와 같은 이가 낫을 드신 것은 더 이상 당신의 알곡들을 세상에 두고 볼 수 없으셨기 때문입니다.

예수 그리스도가 오른손에 낫을 들고 추수하는 날은 세상의 끝날이요, 개인과 우주의 종말입니다.

* 이날은 천국 복음이 모든 민족에게 증거되고 택자 구원이 완성된 시기입니다. 구원 받은 백성들의 수가 찼기에 예수님께서

낫을 드시는 날입니다.

* 이제 그 때가 얼마 남지 않았습니다.
그날에 알곡이 아니고 쭉정이 된 자들은 하나님의 진노의 포도주 틀에 떨어져서 짓밟히게 될 것입니다. 지금은 구원 받을 때입니다. 알곡이 되어서 주인의 즐거움에 참예할 수 있도록 준비하는 때입니다.

* 더 이상 고집을 부리거나 지체해서는 안 됩니다.
한 번 낫을 대시면 절대 돌이킬 수 없습니다.
오늘이 내 인생에 가장 중요한 날입니다.

2. 예수님을 구주로 영접하십시오.

예수님께서 거두시는 알곡은 예수님을 믿고 하나님의 자녀 된 자입니다.

1) 세상 것에서 탈출하십시오.
지금 나를 붙잡고 있는 세상 것들은 마지막 추수 때에 나를 지켜줄 수 없습니다. 오히려 그것들 때문에 하나님의 진노의 포도주 틀에 던져져 짓밟히게 됩니다.
아직도 세상 것들을 끊어내지 못해서 주저하는 자가 있다면 오늘 예수님을 믿고 세상 것들로부터 탈출하시기 바랍니다.

2) 믿음을 지키십시오!
알곡 중에서 가라지를 뽑아냅니다. 처음 가라지는 알곡과 함께 섞여서 분간하기 쉽지 않습니다. 알곡같이 보이는 자가 아니라 알곡으로 성장하고 자라가십시오!

알곡은 믿음을 지키고 믿음으로 사는 자입니다.
가라지는 믿음의 흉내만 낼 뿐 알곡이 아닙니다.
예수님은 알곡만, 믿음의 사람들만을 거두어 창고에 들이십니다.

3) 16절에 보면, 예수님이 거두신 알곡들은 이후 아무런 모습이 공개되지 않았습니다. 이는 알곡들이 천국 기쁨에 참여했기 때문입니다. 더 이상 어떤 문제가 없기에 그들의 결과에 침묵하신 것입니다.

청중 결단

오직 예수!
오직 믿음!
오직 천국!
→ 흔들리지 않는 자가 됩시다!

* 한 명이라도 더 진노의 포도주 틀에서 건져냅시다!
  지금이 마지막 기회입니다!

Revelation
요한계시록

PART_5
15~19장

Revelation

CHAPTER 46

폭풍전야
계 15:1~8

마지막 재앙 / 찬양

우리는 계시록에서 큰 환난(재앙)을 세 가지 보게 됩니다. 첫째는 일곱 인 재앙입니다(6:1~17). 둘째는 일곱 나팔 재앙입니다(8:7~9:21). 그리고 마지막 일곱 대접 재앙입니다(15:1~16:21) 일곱 대접 재앙은 하나님의 진노가 대접에 담겨 쏟아짐(부어짐)을 의미합니다.
계 15장은 본격적인 7대접 재앙이 시작되기 전 사도요한에게 주신 계시입니다. 그런데 7대접 재앙을 가진 천사가 하나님의 진노를 쏟아 부어 이것으로 모든 심판이 마치리라고 선언하시면서(1절), 2절부터는 재앙과는 전혀 상관없는 것 같은 내용들이 기록되어 있습니다.

설교를 이끄는 관점

"내가 보니 불이 섞인 유리 바다 같은 것이 있고 짐승과 그의 우상과 그의 이름의 수를 이기고 벗어난 자들이 유리 바다 가에 서서 하나님의 거문고를 가지고 하나님의 종 모세의 노래, 어린 양의 노래를 불러 이르되"(2~3)

일곱 천사가 일곱 재앙을 담아가지고 마지막 재앙을 쏟으려는 직전에 거문고를 가지고 노래를 부르다니 이상한 일이 아닙니까?

재앙이 무엇입니까!
하나님의 진노와 심판입니다. 지금까지 7인 재앙과 7나팔 재앙을 통해서 하나님의 진노가 얼마나 무서운 것인지를 보았습니다. 그렇다면 지금은 찬양하고 노래 부를 시간이 아니라 재앙을 피할 방법을 궁리하고 이 재앙에서 벗어날 길을 찾아야 합니다.

그리고 또 한 가지 의문점은,
7대접 재앙이 쏟아지기 직전에 하나님의 종 모세의 노래를 부른 것은 더욱 이해할 수 없는 부분입니다. 왜 이 순간에 모세의 노래를 부르는 것일까요?

하나님께서 계 15장을 통해서 요한과 이 시대에 주시려는 메시지는 무엇일까요?

하나님의 목적으로 해결

계 15장은 하나님께서 자기 백성들을 위로하시는 장면입니다. 불이 섞인 유리 바다는 4:6절에 수정같이 맑은 유리 바다가 바뀐 것인데 이는 하나님의 심판이 시작된다는 서막입니다.
하나님의 공의로운 심판이 시작되기 전 악인들이 멸망을 당하는 현장에서 성도들이 어린 양 예수 그리스도에 대한 구원의 감격을 찬양하는 모습을 보여주고 계십니다. 이는 마치 이스라엘 백성들이 홍해에서 구원을 받고 하나님께 찬양했던 모세의 노래와 같은 것입니다.

하나님께서 홍해의 입을 벌려 이스라엘 백성들은 구원을 받았으나 반대로 애굽의 군대들은 그 자리에서 멸망당한 것을 노래한 것처럼 하나님의 크신 구원 은혜를 노래했습니다.

* 7대접 재앙은 애굽에 쏟아진 10가지 재앙 중 다섯 재앙과 유사합니다. 유리 바다 위의 성도들의 노래는 모세의 노래와 같고, 하나님의 영광으로 인한 성전 연기(15:8)는 모세가 시내산에서 율법 받을 때의 연기와 유사하며, 증거의 장막도(15:5) 출애굽 장면과 유사합니다.

7대접 재앙과 출애굽 재앙의 유사점은,
하나님께서 당신의 백성들을 괴롭힌 세력들을 처벌하고 하나님의 백성들을 약속된 축복으로 인도하신 데 있습니다.

1. 유리 바다 위의 찬양은 하나님의 영광과 위엄을 상징합니다.

불이 섞인 유리 바다는 앞으로 쏟아질 7대접 재앙의 심판이 하나님으로부터 시작됨을 의미합니다. 하나님은 어떤 경우에도, 어떤 자리에서도 찬양을 받으시기 합당하신 분이십니다.

2. 누가 하나님을 찬양했습니까?

짐승과 그의 우상과 그의 이름의 수를 이기고 벗어난 자들입니다. 이들은 짐승을 경배하지 않고, 짐승의 표도 받지 아니한 하나님의 백성들입니다. 때로는 짐승의 세력들과 싸우기 위해서 목숨을 던진 순교자들을 포함한 하나님의 백성 전체입니다.

* 거문고는 하나님을 섬기는 데 바쳐진 악기입니다.
5장의 네 생물과 24장로들이 사용한 것이고(5:8), 시온산의 14만 4천 명도 하나님을 찬양한 악기입니다.

3. 이들의 찬양 제목은 무엇입니까?(3절)

모세의 노래와 구원자 어린 양의 노래입니다(출 15, 신 32, 시 118:14).
이들은 구원의 은혜와 승리를 노래했습니다. 이들은 주 하나님 곧 전능하신 하나님의 위엄과 만국의 왕이신 어린 양을 찬양했습니다.

4. 이들은 어떤 태도로 찬양했습니까?(4절)

주의 이름을 두려워하며 영화롭게 하는 심정으로 찬양했습니다. 하나님의 심판이 완성되면 주의 이름을 두려워하고 주의 이름에 영광을 돌리는 것은 너무도 당연한 일입니다.

5. 7대접 재앙을 실행하는 천사들의 모습(6절)

맑고 빛난 세마포 옷과 가슴에 금띠를 했습니다. 이는 구약 성경에서 수종 들던 제사장의 모습과 흡사합니다. 이는 7대접 재앙이 악의적인 보복행위가 아니라 의롭고 순수하며 하나님의 대리

자로서 권세를 가졌음을 의미합니다.

6. 하나님의 진노를 가득히 담은 금 대접 일곱을 천사들에게 주셨습니다(7절).

여기 금 대접은 5:8절의 금 대접과 다릅니다. 5:8절의 금 대접에는 성도의 기도 향이 가득 찼지만 본문의 금 대접은 하나님의 진노가 가득 찬 대접입니다.

* 6절과 8절에 등장하는 성전은 교회와 동일시 될 수 없습니다. 본문의 성전은 지상의 성전이 아니라 하늘 성전이기 때문입니다.

청중 적용

사랑하는 여러분!

1. 하나님의 시간표를 막을 수 있는 것은 아무것도 없습니다.
하나님의 구원 계획과 심판은 하나님의 백성들을 위하여 준비하신 시간입니다.

하나님은 이 땅의 마지막 시간을 준비하고 계십니다.
이 사실을 알지 못하고 준비하지 못하면 큰일입니다. 지금은 하나님의 심판이 시작되기 전 폭풍전야와 같은 때입니다.

지금 이 시기를 놓치면 아무것도 할 수 없는 절망의 때를 맞이해야 합니다.

이미 하나님의 진노를 담은 일곱 대접이 천사들의 손에 넘겨졌습니다. 잠시 후 하나님의 진노의 대접에서 상상할 수 없는 재앙들이 준비되지 못한 자들에게 임할 것입니다.

2. 지금은 하나님의 구원을 노래할 때입니다.

유리 바다 위에서 거문고를 들고 하나님의 구원과 승리를 노래한 것처럼 지금 우리도 베푸신 구원과 승리의 시간을 바라보며 찬양할 때입니다.

1) 찬양은 구원 받은 자들만이 부르는 특별한 노래입니다.

어린 양 예수의 구원을 체험하지 못한 자들은 입이 있어도 찬양할 수 없습니다.

지금 예수 그리스도의 구원의 감격과 내일 이루어질 영원한 승리가 가슴 속에 살아 있다면 찬양하십시오!

베푸신 은혜만큼, 감격되는 은혜만큼 큰 소리로 찬양하십시오.

2) 승리의 그날까지 날마다 찬양하십시오!

날마다 그 입에서 찬양이 멈추지 않을 때 그 찬양은 승리의 그 날까지 우리를 지치지 않게 합니다. 오늘의 찬양이 내일이며, 오늘의 찬양이 영원입니다.

내가 찬양할 수 있는 모든 것을 동원해서 날마다 구원의 은혜를, 승리의 그날을 노래하십시오!

3) 찬양은 그 어떤 재앙도 이길 수 있습니다!

찬양이 하나님의 권세와 위엄을 높이는 노래이기에 그 어떤 재앙도 하나님을 노래하는 자들을 해할 수 없습니다!

청중 결단

호흡이 있는 자마다 하나님을 찬양하십시오!
찬양으로 구원을 노래하고 간증하십시오!
이것이 나의 간증이요, 이것이 나의 찬송일세!

CHAPTER 47

일곱 대접 재앙 ❶

계 16:1

> **진 노 (대접)**
> 요한이 성전에서 나오는 큰 음성을 들었습니다.
> 일곱 천사에게 하나님의 진노를 담은 일곱 대접을 땅에 쏟으라는 음성이었습니다.

설교를 이끄는 관점

요한에게 들려진 큰 음성의 주체는 누구일까요?
왜 이 큰 음성이 성전에서 들렸을까요? 이 큰 음성의 주인이 하나님이실까요?

일곱 천사에게 하나님의 진노가 담기니 일곱 대접을 땅에 쏟으라 했는데 그 대접 안에 담겨진 하나님의 진노가 정확히 무엇인입니까?

왜 하나님의 진노의 대접을 땅에 쏟으라고 했을까요?
여기서 땅이란 구체적으로 어디를 의미합니까?
그리고 하나님의 진노의 대접이 땅에 쏟아진다면 어떤 결과가 나타날까요?

하나님의 목적으로 해결

여기서 말하는 하나님의 진노의 대접, 일곱 천사가 땅에 쏟을 일곱 대접은 세상 종말을 고하는 하나님의 마지막 재앙입니다.

그 하나님의 마지막 재앙의 대상은 땅입니다.
여기서 말하는 땅은 하나님의 진노의 영역인 악의 대상, 인류 전체를 의미합니다. 그러므로 일곱 대접 재앙은 인류 전체에 쏟아지는 하나님의 진노입니다. 이 진노를 끝으로 세상은 종말을 고하게 됩니다.

1. 일곱 대접 재앙은 하나님의 마지막 심판입니다.

일곱 대접 재앙을 끝으로 세상 역사를 마감한다는 의미입니다.
세상의 끝은 성도들에게 새로운 세상인 새 하늘과 새 땅이 시작된다는 의미이기도 합니다.
하나님께서는 세상의 왕국, 악인의 왕국이 영원할 수 없으며 악인 권세가 바람의 겨와 같이 종말을 고할 것을 마지막 심판으로 나타내십니다.

2. 일곱 대접 재앙은 그 대상이 땅에서 짐승의 표를 가진 자들입니다.

짐승의 표를 받은 자들은(계 13:16) 붉은 용을 따르는 바다 짐승과 땅 짐승 그리고 음녀 바벨론입니다. 이들은 사탄의 세력이며 하나님을 대적하고 신자들과 교회를 무너뜨리는 세력들입니다. 거짓 선지자들을 앞세워 교회를 어지럽히고 성도들을 미혹했던 자들입니다. 일곱 대접 재앙은 불신세계, 사탄의 세력들에게 쏟아지는 심판입니다.

하나님께서 짐승의 표를 받은 자들에게 그 죗값에 따라서 합당한 진노를 쏟으십니다.

3. 일곱 대접 재앙은 하나님의 진노가 완전히 쏟아지는 재앙입니다.

일곱 인 재앙은 1/4을 쏟았고(계 6:8), 일곱 나팔 재앙은 1/3을 쏟았습니다(계 8:7~8). 하지만 일곱 대접 재앙은 하나님의 진노를 가득히 받아서 하나도 남김없이 쏟았습니다. 이는 더 이상 긍휼과 자비가 없는, 더 이상 털끝만큼의 자비가 없는 최후의 재앙입니다.

하나님은 일곱 대접 재앙을 쏟으실 때 세상을 향하셨던 등을 돌리셨습니다.

4. 이 땅의 마지막 재앙이 쏟아져도 성도들은 궁극적으로 승리합니다.

하나님의 진노의 재앙이 쏟아지기 직전 세상의 마지막 환난 앞에서 성도들의 찬양을 보았습니다(계 15:2~4).

성도들이 누구입니까? 짐승과 우상과 그 이름의 수 666을 이기고 승리한 자들입니다.

성도들은 세상 끝날 최후의 심판을 바라보며 두려워하는 자들이 아니라 오히려 감사와 찬양과 엎드려 예배하는 자들입니다.

청중 적용

사랑하는 여러분!

1. 세상 끝날이 있음을 잊고 살아간다면 큰일입니다.

모든 만물의 마지막이 다가옵니다. 문제는 하나님의 심판을 그냥 넘어갈 수 없다는 사실입니다.

* 이 땅에 사는 모든 자들이 하나님의 심판의 대상입니다.
  이 심판의 대상에 내가 포함되어 있습니다.

* 진노의 대상자에게는 다시 기회가 없습니다. 하나님의 진노의 대상은 불신세계, 불신자, 세상을 미혹했던 거짓 영들입니다. 바로 짐승의 수 666을 받은 자들입니다. 한마디로 예수님을 믿지 않는 모든 자들이 짐승의 수를 받은 자들입니다.

* 지금이 기회입니다. 진노의 대접 재앙, 끝날을 대비할 마지막 기회입니다. 이 기회를 놓치면 돌이킬 수 없는 재앙의 대상이 됩니다.

2. 오직 예수님이 대접 재앙을 피할 유일한 길입니다.

마지막 일곱 대접 재앙은 예수님을 부인한 자, 배교한 자, 거짓 선지자들의 미혹에 넘어간 자들에게 임합니다.

1) 예수님을 구원의 유일한 분으로 받아들이십시오.

예수님을 구주로 믿고 영접하고 흔들리지 마십시오.

예수님 외에는 구원이 없습니다. 예수님께서 구원의 유일한 길, 아버지께로 나아가는 유일한 길입니다.

예수님을 영접하지 아니한 자들이 사탄의 대상임을 잊지 마십시오.

2) 세상 것으로부터 자신을 지키십시오.

불신 세계의 온갖 죄악들이 대접 재앙의 대상입니다.

자신을 지켜서 세상에 물들지 않도록 하십시오.

사탄은 수단과 방법을 가리지 않고 유혹할 것입니다.

사탄의 소리는 가까이 있습니다.

정신을 차리지 않으면 큰일입니다.

3) 세상이 망할 때 하나님은 성도들의 찬양을 받으십니다.

청중 결단

마지막 때를 대비합시다!

성도의 궁극적 승리를 기뻐하고 찬양합시다!

CHAPTER 48

일곱 대접 재앙 ❷
계 16:1~21

> **재앙(대접)**
> 요한은 일곱 천사를 파송하는 큰 음성을 들었습니다. 그 음성의 내용은 하나님의 진노의 일곱 대접을 땅에 쏟으라는 것이었습니다(1절).
> 이 음성들을 들은 일곱 천사들은 각기 자신에게 주어진 진노의 대접을 들고 심판의 현장으로 갔습니다.

설교를 이끄는 관점

왜 하나님께서는 진노의 대접을 땅에 쏟으려 하실까요?
하나님께서 쏟으시려는 진노의 대접 재앙에는 무엇이 들어있나요?
하나님의 진노의 대접이 쏟아지고 나면 이 땅은 어떻게 될까요?
하나님의 진노의 대접을 막을 수 있는 길은 없을까요?

하나님의 목적으로 해결

하나님의 일곱 대접 재앙은 이 땅의 마지막을 알리는 최후 심판입니다.

이 땅은 그동안 용의 활동 무대였습니다. 짐승과 거짓 선지자들의 활동 영역이었습니다. 이제 하나님은 이들의 죄악을 심판하시고 새 하늘과 새 땅을 여시려고 일곱 대접 재앙으로 이 세상을 종말 심판 하십니다.

하나님이 쏟으시는 일곱 대접 재앙은,

1. 첫째 대접 재앙(2절)

첫째 재앙은 짐승의 표를 받은 사람들과 그 우상을 경배한 자들에게 악하고 독한 종기, 독종 재앙으로 임했습니다. 여기서 말하는 악하고 독한 종기란 고름이 나서 문드러지되 치료가 되지 않는 독성을 가진 상처를 말합니다(출 9:9~11, 레 13:18~27, 욥 2:7).

이 독성을 지닌 상처는 순간적으로 갑자기 생긴 불가사의한 병으로 치료 불가능한 괴병입니다(왕하 20:7). 행 12:23에 보면 헤롯왕이 앓던 저주의 병이기도 합니다. 이 재앙은 주로 종교적인 죄악을 이끈 자들에게 주어진 재앙입니다.

2. 둘째 대접 재앙(3절)

두 번째 재앙을 바다에 쏟으매 바다가 곧 죽은 자의 피 같이 되니 바다 가운데 모든 생물이 죽었습니다.

바다는 세계 열국을 의미하기에 이 재앙으로 전 세계가 죽음으로 덮일 것을 보여줍니다. 바다 안의 생물들이 순식간에 몰사함으로 더 이상 생명이 지탱할 수 없는 상태가 될 것을 예고했습니다(출 7:21, 계 8:5~9).

3. 세 번째 대접 재앙(4~7절)

세 번째 재앙을 강과 물의 근원에 쏟았습니다. 그 결과 단번에 모든 것이 피로 변했습니다. 바다는 소금물이며 강은 신선한 물입니다. 세상의 모든 신선한 원천들을 피로 바꾼다는 말입니다. 이는 물이 없어 목마른 고통을 재앙으로 쏟은 것입니다. 목마름의 고통은 지옥의 고통입니다(눅 16:24). 물이 없어 피를 마시는 최악의 상황을 맞게 됩니다(6절).

6~7절은 이 심판의 당위성을 말합니다. 이들이 성도들과 선지자들의 피를 흘렸음으로 이들이 마시는 피도 아깝다는 심판입니다. 7절은 순교자들이 이들로부터 죽임을 당한 자들이 이들의 재앙은 합당하다고 하나님을 높이는 모습입니다.

4. 네 번째 대접 재앙(8~9절)

네 번째 재앙을 쏟으니 해가 권세를 받아 불로 사람을 태웠습니다. 태양이 갑작스런 변이 현상을 일으켜서 사람이 타죽는 재앙입니다. 이는 마지막 때에 나타날 지구의 이상 기온 중 하나입니다.

9절을 보십시오.

극렬한 태양에 타죽어 가면서도 하나님의 이름을 비방하며 회개하지 않는 자들이 있습니다. 이들은 그들이 섬기는 그 짐승들의 성격을 본받아 하나님을 비방하는 자들입니다. 이것이 악한 자들의 특색입니다. 선택받지 못한 자들의 특징입니다.

5. 다섯 번째 대접 재앙(10~11절)

다섯 번째 재앙은 짐승의 왕좌에 쏟아졌습니다. 이는 하나님을 대적하는 사탄의 왕좌를 뜻합니다. 하나님의 진노가 쏟아지는 핵심적인 장소입니다. 이 재앙으로 짐승들의 왕국이 어두워지고 혼란에 빠졌습니다.

극심한 고통을 견디지 못해서 스스로 혀를 깨물며 죽으려 했지만 죽지도 못하고 고통만 더했습니다. 이들은 고통을 느끼고 죽지 못해서 안달하는 고통을 절감하면서도 회개는커녕 오히려 하나님을 훼방하고 비방하면서 자신들의 죄를 뉘우치지 못했습니다(11절).

6. 여섯 번째 대접 재앙(12~16)

여섯 번째 재앙은 큰 유브라데에 쏟았습니다. 그 결과 강물이 마르고 동방에서 오는 왕들의 길이 예비되었다고 합니다(12절). 또한 개구리 같은 세 더러운 영이 용의 입과 짐승의 입과 거짓 선지자의 입에서 나오고(13절) 그 영들이 이적을 행하여 온 천하 왕들에게 가서 하나님 곧 전능하신 이의 큰날에 있을 전쟁을 위하여 그들을 모은다고 했습니다(14절).

세 영이 "아마겟돈"이라 하는 곳으로 왕들을 모을 것(16절)이라고 하신 말씀대로 이 전쟁은 아마겟돈에서 일어나는 전쟁입니다.

* 아마겟돈은 히브리어로 "하르", 즉 언덕과 "므깃도"라는 지명의 결합으로 므깃도 언덕입니다.

본문의 아마겟돈 전쟁을 두고 어떤 사람들은 그것이 제 3차 세계 대전이 될 것이라고 이야기합니다. 무시무시한 핵 전쟁이라고도 합니다. 하지만 본문의 전쟁은 귀신들의 자극을 받은 "온 천하 왕들"이 하나님께 도전하는(14절) 영적인 전쟁입니다. 아마겟돈 전쟁은 짐승의 왕국과 그리스도의 왕국 사이에 계속 되었던 절정적 전쟁입니다.

* 아마겟돈 전쟁의 역사를 정리하면,
  ① 창세기 3장에서 시작되어 지금까지 계속되어 온 영적인 전쟁의 마지막 모습이며
  ② 마귀 군대와 그리스도 군대, 세상과 교회 간의 전쟁이며 (17:12, 14)
  ③ 마지막이 다가올수록 심화된 전쟁이며
  ④ 결과는 그리스도 군이 승리할 것이 확실한 전쟁입니다.

15절을 보십시오.
아무리 무서운 사탄의 전쟁이라도 우리가 두려워하지 않을 것은 예수님께서 성도들을 보호하고 지키시려고 임하실 것이며 성도들에게 복 주시는 결과가 있음을 온 천하에 선포하고 계시기 때문입니다.

7. 일곱 째 대접 재앙(17~21절)

일곱 번째 재앙은 공중에 쏟아졌습니다.

여기서 공중은 공기입니다. 전 세계의 영역에 빈틈없이 하나님의 재앙이 쏟아진 것입니다. 공중은 강이나 바다보다 더 넓은 영역에 영향을 준다는 의미도 있습니다. 전 세계 모든 사람들에게 빈틈없이 하나님의 재앙이 임하는 것을 끝으로 "되었다" 또는 "완성되었다"는 선언이 나왔습니다.

이제 하나님의 진노의 심판이 끝났다는 의미입니다.

19~20절에는 "큰 성"과 "만국의 성들"과 "큰 성 바벨론"이 나오는데 이는 모두 바벨론을 묘사하는 것들입니다. "큰 성" 바벨론이 7대접 재앙의 결과 큰 지진으로 무너지고 하나님의 맹렬한 진노의 포도주 잔을 받았습니다. 이러한 표현은 하나님께서 바벨론에 내리시는 극도의 심판을 의미합니다(19:18~21절).

"각 섬도 없어지고 산악도 간 데 없더라"(20)

이는 지진의 결과로 모든 것들이 사라진 것을 말합니다.

이것은 섬과 산의 장소 변화와 함께 옛 창조가 새 창조의 질서로(20:11, 21:1~2) 바뀌게 될 것을 미리 알리는 것입니다.

청중 적용

사랑하는 여러분!

1. 하나님의 심판은 이미 시작되었습니다.

세계 역사는 마지막 일곱 대접 재앙의 현장으로 나아가고 있기 때문입니다.

지금 이 시대는 심판으로 나아가는 과정에 있습니다.

그래서 마지막 최후 순간을 알고 있는 사탄의 왕좌, 적그리스도의 핵심들은 그 순간을 피하기 위해서 최후의 발악을 하고 있습니다.

* 우연이라고 합니다.
* 환경오염이라고 합니다.
* 과학의 발전이 만들어 낸 기형적 현상이라고 합니다.
* 안전한 세상을 만들 수 있다고 합니다.
* 모두가 노력하면 좋은 세상이 온다고 합니다.

2. 모두가 거짓입니다.

인류 역사는 심판의 시간으로 이동 중입니다.
그 징조를 하나씩 공개하고 있음을 명심해야 합니다.

1) 이 땅은 안전한 도성이 아닙니다.
세상의 끝은 죽음입니다.
육체적 죽음과 영원한 죽음만이 세상이 당할 일입니다.
세상에 모든 것을 쌓은 자는 절망에 이르게 됩니다.

2) 준비와 대비만이 살 길입니다.
재앙의 날은 피할 수 있는 시간이 없습니다.

한 시간 전이라도 피해야 합니다.
지금이 준비하는 시간입니다.

> "보라 내가 도둑 같이 오리니 누구든지 깨어 자기 옷을 지켜 벌거벗고 다니지 아니하며 자기의 부끄러움을 보이지 아니하는 자는 복이 있도다"(15)

벌거벗고 다니지 아니하며 자기의 부끄러움을 보이지 않는 자만이 구원을 받습니다. 우리의 부끄러움은 오직 예수의 보혈만이 가려줍니다.

3) 모든 재앙은 하나님께서 주관하시는 심판입니다.
하나님을 두려워하고 마지막을 준비하는 시간이 바로 오늘입니다.

청중 결단

회개하고 복음을 전하십시오!

CHAPTER 49

아마겟돈

계 16:10~16

> **아 마 겟 돈**
>
> 여섯 번째 대접이 큰 강 유브라데에 쏟아졌습니다. 그 결과 강물이 마르고 동방에서 오는 왕들의 길이 예비되었다고 합니다(12절). 여기서 강물이 마르고 동방의 왕들이 한 곳으로 모인다는 것은 문자적으로 쉽게 납득이 안 되는 말입니다.
> 그리고 16절에 보면, "세 영이 히브리어로 아마겟돈이라는 곳으로 왕들을 모으더라"고 했습니다.

설교를 이끄는 관점

그렇다면 12절과 16절은 서로 연관된 말씀으로 보아야 합니까? 아니면 전혀 다른 의미를 가진 말씀으로 받아야 합니까? 여기서 "세 영"은 어떤 영들을 말하는 것입니까? 이 세 영이 아마겟돈이라는 곳으로 왕들을 모았다고 했는데 어떤 왕들을 무엇 때문에 이곳으로 모은 것입니까?

이 왕들을 모은 아마겟돈은 어떤 곳입니까?
그리고 이곳에서는 무슨 일이 일어났습니까?

하나님의 목적으로 해결

아마겟돈은 히브리어로 "므깃도의 언덕"이란 뜻입니다.
이곳은 예로부터 전쟁이 빈번하게 일어나던 곳입니다. 그래서 사람들은 이곳을 죽음의 격전지, 극렬한 싸움터로 기억합니다(삿 4~5장).

이런 전쟁의 장소가 계 6장에 등장하는 것은,
이곳을 세계종말의 전쟁터로 알리시려는 것입니다.
아마겟돈은 온 천하 임금들이(계 16:14, 16) 모두 모여서 전쟁을 벌이는 곳이며 하나님의 최종 심판이 행해지는 장소입니다.

1. 아마겟돈은 누가 일으킵니까?
13~14절에 그 정체가 있습니다.

1) 개구리 같은 세 더러운 영이 아마겟돈의 주범입니다.
여기서 말하는 세 더러운 영의 정체는, 계 12장의 붉은 용과 계 13:1~10의 두 짐승, 그리고 계 13:11~18절의 거짓 선지자입니다. 한마디로 아마겟돈은 사탄이 일으키는 영적전쟁입니다. 사탄이 최후의 발악을 하는 마지막 전쟁입니다.

2) 왜 개구리 같은 세 영이라고 했을까요?

개구리는 재앙의 도구였고(롬 8:5~11) 더러운 동물로 간주되었으며(레 11:10), 더러운 영에 비유되었습니다. 이는 사탄이 악독한 생각, 더러운 계획과 음모 그리고 아주 더러운 방법으로 이 전쟁을 이끌어갈 것임을 예고한 것입니다.

우리는 사탄의 특성과 사탄의 공격 방법이 얼마나 추하고 더러운 것인지를 알아야 합니다.

3) 왜 세 더러운 영이 입에서 나올까요?(13절)

이는 사탄의 앞잡이 된 자들, 즉 적그리스도의 세력들이 강한 설득력과 호화스런 말장난의 언어로 세계 모든 왕들을 미혹할 것을 의미합니다.

2. 세 더러운 영이 어떻게 전쟁을 유도할까요?(14절)

사탄의 전쟁은 더러운 세력들을 앞세운 영적전쟁입니다.

여기에 미혹된 자들은 더러운 영의 지배를 받아 삶이 더러워지고, 사탄의 지배를 받아 이성적 판단과 결정에 어려움을 겪게 됩니다.

* 이적=악령들이 사람을 미혹하기 위해서 사용하는 수단 중 하나입니다(13:11~15).

오직 미혹을 위한 수단일 뿐 이적의 결과는 유익됨이 없습니다.

* 타락=음행의 포도주에 취하게 함으로 삶을 더럽게 합니다(17:1~4). 특히 성적 타락의 극치를 나타냅니다.

* 연합=일치된 행동과 사상으로 힘을 과시합니다. "모으더라." 더러운 세력들의 연합으로 세상은 난리를 겪게 됩니다.

3. 이 전쟁은 용과 짐승, 거짓 선지자들이 배후를 조종하는 싸움으로 영적전쟁입니다(16:12~14) 이 전쟁의 대상은 주님의 교회입니다(17:14).

어린 양 예수 그리스도의 교회를 무너뜨리기 위한 싸움입니다. 이 전쟁으로 인하여 교회는 큰 환난을 겪게 됩니다. 사탄의 마지막 기세가 교회를 통하여 드러나기 때문입니다.

4. 아마겟돈의 결론은 예수 그리스도와 교회의 승리입니다.

주님은 명백하게 거짓 선지자와 짐승의 표를 받은 자들이 불과 유황으로 타는 못에 던져진다고 선언하셨습니다. 그러므로 신자들은 전혀 두려워하거나 염려하지 말아야 합니다.

청중 적용

사랑하는 여러분!

1. 우리는 지금 영적 전쟁터에 살고 있습니다.

세상 종말을 향하는 길목에서 사탄과의 전쟁을 치르고 있습니다. 그래서 앞선 신앙의 선배들은 이런 영적전쟁의 현실을 실감하면서 "사탄이 우는 사자와 같이 삼킬 자를 두루 찾고 있다"고 경고하며 경계하게 했습니다.

* 사탄은 교회와 신자를 공격합니다.
두 가지 이유 때문입니다.
1) 복음전파를 무기력하게 하려고
2) 신자들의 타락을 통한 사탄의 세력 확장을 위해서

* 이것은 전쟁입니다.
죽느냐 사느냐를 결정하는 싸움입니다.
준비된 자가 아니라면 승리하기 어려운 싸움입니다.

* 영적전쟁이며 상대는 사탄의 세력들입니다.
혈과 육으로 상대할 자들이 아닙니다.
사탄의 세력들을 이겨낼 수 있는 영적 권세와 배후세력들을 철저하게 알아야 합니다.

2. 아마겟돈의 승리는 예수 그리스도 안에 있습니다.

예수님은 이미 사탄과 배후세력들을 이기셨습니다.
사탄은 예수님의 권세와 능력을 갖춘 자에게는 상대가 안 됩니다!

1) 예수님으로 무장하십시오!
어린 양 예수 그리스도의 권세만이 사탄과 그 세력들을 이길 수 있는 유일한 방법입니다. 예수님의 이름은 사탄을 이기는 권세입니다.

2) 죄에서 자신을 지키십시오!

사탄의 공격대상은 근신하지 않고 경계심이 없는 신앙인입니다. 죄에 무감각하고 죄를 이기려는 몸부림이 없는 자들이 사탄의 공격대상이 됩니다.

3) 회개함으로 더 강해지십시오!
15절→ 부끄러움을 청산하는 자는 강한 자이며 복 받을 자입니다.

청중 결단

죄를 이기는 연습을 하십시오!

CHAPTER 50

큰 음녀

계 17:1~7

> **음녀**
>
> 계 17장은 일곱 대접 재앙의 연속입니다.
> 1절을 보면, 이미 일곱 대접 재앙을 땅에 쏟은 천사 중 하나가 요한에게 와서 많은 물 위에 앉은 큰 음녀가 받을 심판을 보여주었습니다. 16:21절을 보면, 일곱 대접 재앙이 마무리 되는 듯한 모습으로 마무리가 되었습니다.

설교를 이끄는 관점

그런데 17:1에서 큰 음녀의 심판 모습을 공개한다고 합니다. 여기서 말하는 "큰 음녀"는 누구입니까?

보통 음녀라 함은 성적인 방탕과 타락으로 인하여 사람들에게 지탄의 대상이 된 여인을 말합니다. 그렇다면 그냥 "음녀"라고 해도 되는데 "큰 음녀"라고 부르는 이유는 무엇입니까?

"큰 음녀"란 그녀의 어떤 것을 강조하기 위해서 붙여진 이름입니까?

 그녀의 신체적 조건, 외모가 다른 사람보다 크고 장대하다는 의미입니까? 아니면 그녀가 저지른 음행이 크고 대단하다는 의미입니까?

 "큰 음녀", 우리는 좀처럼 이런 말을 듣지 못했습니다.
도대체 "큰 음녀"의 정체는 무엇입니까?

하나님의 목적으로 해결

 여기서 말하는 "큰 음녀"는 한마디로 음행의 발산지와 음행의 근원을 의미합니다(17장에서 음행이란 말을 7회나 강조). 하나님을 배반하고 사람들을 유혹하여 인류를 타락시키고 어둠의 자식들을 만드는 장본인이기 때문입니다.

 이 음녀는 단순히 성적인 죄악만을 주장하는 세력들을 말하는 것이 아니라 하나님을 섬기고 하나님께 영광을 돌리는 것을 방해하는 사탄의 세력 전부를 의미하는 영적 행음자들입니다(13:11).

 1. 큰 음녀의 다른 이름은 바벨론입니다(5절).
 바벨론의 뜻은 "혼잡"입니다. 이 큰 음녀의 세력은 적그리스도의 세력들로 불법을 행하고 거짓을 일삼으며 온갖 행음으로 세상을 더럽히는 세력들입니다. 바벨론은 무신론의 세력이며 다신론의 세력이고 하나님을 대적하는 거대한 반신론의 세력들입니다.

2. 큰 음녀는 하나님을 배신한 자들입니다(2절).

하나님을 버리고 땅의 임금들과 함께 음행의 포도주를 마신 자들입니다.

여기서 땅의 임금들이란, 하나님을 대적하고 스스로 하나님 행세하던 자들과 우상들에 대한 총칭입니다. 구약성경은 하나님의 백성들이 하나님을 떠나 다른 신들과 세상을 사랑하는 것을 음행이라고 선언했습니다(사 1:21, 렘 2:20). 신약에서도 하나님보다 세상(우상)을 더 사랑하는 것을 간음이라고 했습니다(요일 2:15, 약 4:4).

3. 큰 음녀는 쉽게 이길 수 있는 세력이 아닙니다(3~6절).

1) 그녀의 영향력은 대단합니다(1~15절).

이 큰 음녀가 많은 물 위에 앉아있다고 했는데 여기서 많은 물은 민족, 언어 등을 의미하는 것으로써 이 큰 음녀의 세력과 영향력이 대단함을 뜻합니다. 또한 땅의 임금들을 움직이는 것을 보면 모든 영역에서 큰 음녀의 영향력이 나타나고 있음을 짐작할 수 있습니다.

2) 큰 음녀에게 빠지면 쉽게 벗어날 수 없습니다(2절).

그 음행의 포도주에 취했다는 말은 큰 음녀의 품에서 벗어나는 것이 대단히 어렵다는 말입니다. 마치 술에 취하거나 마약에 빠진 자들이 쉽게 벗어날 수 없는 것처럼 그녀의 올가미에서 쉽게 벗어날 수 없습니다.

4. 큰 음녀가 하는 일은 하나님을 모욕하고 방해하는 일입니다(3절).

그 짐승의 몸에 하나님을 모독하는 이름이 가득하다고 했습니다. 여기서 하나님을 모독하는 이름이란, 하나님을 향한 욕설과 비난을 의미합니다. 이 큰 음녀가 존재하는 이유는 하나님의 교회와 성도들을 비난하고 욕하고 훼방하기 위해서입니다.

5. 큰 음녀는 사탄, 마귀가 주도하는 세력입니다(4절).

큰 음녀는 세상 사람들과 신자들을 유혹하기 위해서 사치스럽고 요란하게 꾸미고 다닙니다. 마치 자신이 여왕이라도 된 것처럼 행세하지만 그 속에는 음행과 더러운 것이 가득한 사탄의 세력입니다.

6절을 보십시오!

"성도들의 피와 예수의 증인들의 피에 취한지라"(6)

이 음녀는 겉으로는 온갖 요란한 세력처럼 가증스럽게 행하면서 결국은 성도들의 피를 마시는 마귀의 본색을 감추지 못합니다.
이 음녀는 충성스런 복음 증거자들의 피를 마시는 악한 세력입니다. 이 음녀는 온갖 거짓말을 다하면서 성도와 교회를 무너뜨리려고 합니다.

청중 적용

사랑하는 여러분!

1. **사도 요한도 이런 큰 음녀의 세력 앞에서 거듭해서 놀라고 있습니다(6절).**

이 큰 음녀가 겉으로 보는 것보다 그 실상이 너무도 놀라운 세력이었기 때문입니다.

* 주변에 "큰 음녀"의 세력들이 있습니다.

그런데 우리는 이들을 보고도 놀라지 않습니다. 그저 좀 다른 세력이거나 하면서 대수롭지 않게 여기는 것이 우리의 현실입니다.

1) 큰 음녀는 우리를 하나님에게서 갈라놓으려는 세력입니다.
2) 큰 음녀는 우리를 음행으로 타락시키려는 세력입니다.
3) 큰 음녀는 우리를 사탄, 마귀의 수하에 잡아 두려는 세력입니다.
4) 큰 음녀는 우리들 가까이에서 활동하는 세력입니다.

그래도 수수방관하거나 무관심하며 지내시겠습니까?

2. **우리는 "큰 음녀"의 세력과 싸워야 합니다.**

이 큰 음녀가 취한 성도들의 피는 이들과 싸운 순교자들의 피입니다. 잠시 "큰 음녀"의 세력이 승리한 것처럼 보이지만 절대 그럴 수 없습니다.

1) 큰 음녀는 예수 그리스도의 십자가로 이미 패배한 세력입니다.

큰 음녀의 종말은 이미 정해져 있습니다. 계 17장은 이 큰 음녀의 세력이 어떻게 멸망하는지를 보여주고 있습니다.

2) 믿음을 지키십시오.

그 어떤 음녀의 세력에도 물러서지 마십시오. 사탄, 마귀, 음녀의 세력은 믿음을 가진 자들을 절대 이길 수 없습니다(요일 5:4~5). 예수의 이름으로 대적하고 싸워서 이겨야 합니다.

3) 하나님은 큰 음녀에게서 우리를 건지시려고 그 아들을 내어주셨습니다. 하나님은 큰 음녀를 이기는 자에게 아끼는 것이 없으십니다.

청중 결단

내 주변에 큰 음녀들이 있습니다.
이단과 사탄의 행음을 고발하십시오!

CHAPTER 51

요한을
놀라게 한 짐승

계 17:8~14

> **짐승**
>
> 7절에서 요한은 큰 음녀를 보고 놀랐습니다. 성도들의 피를 마시는 음녀의 모습은 환상이지만 요한에게는 현실 이상으로 충격이었습니다. 이런 요한이 숨도 가다듬기 전에 천사가 "여자와 그가 탄 일곱 머리와 열 뿔 가진 짐승의 비밀을 네게 이르리라"고 했습니다. 큰 음녀의 충격이 사라지기도 전에 또 다시 7머리와 10뿔 가진 짐승의 비밀을 공개하겠다는 말입니다.

설교를 이끄는 관점

우리는 이미 계 13:1에서 바다에서 올라온 열 뿔과 일곱 머리 짐승을 만났습니다.

그렇다면 계 13장의 짐승과 계 17:7에서 말하는 짐승은 같은 짐승입니까? 아니면 다른 짐승입니까? 이미 나타난 짐승이라면 왜 계 17장에서 다시 거론되는 것입니까?

만일 17장의 짐승이 계 13장의 짐승과 다른 짐승이라면 이 짐승은 어떤 짐승이며 "비밀"을 가졌다고 했는데 이 짐승이 가진 비밀은 무엇입니까?

하나님의 목적으로 해결

이 짐승의 정체는 8절에서 스스로 밝히고 있습니다.

"네가 본 짐승은 전에 있었다가 지금은 없으나 장차 무저갱으로부터 올라와 멸망으로 들어갈 자니"(8)

이 짐승은 죽게 된 것 같다가 다시 살아난 바다짐승으로 계 13:1~3에 나타난 적이 있던 자입니다. 이 짐승이 다시 나타난 것은 마지막으로 땅에 있는 자들을 두렵게 하여 경배를 받으려는 목적 때문입니다.

1. 이 짐승을 경배하는 자들은 그 이름이 생명책에 기록되지 못한 자들입니다.

그 이름이 생명책에 기록되지 못한 것은 이들이 하나님의 자녀가 아니기 때문입니다. 이 짐승을 경배하는 자들은 하나님을 배신하거나 대적하는 자들로, 사탄의 자녀들입니다. 그 짐승과 사탄에게 속아서 사탄의 지옥 명부에 기록된 자들입니다.

2. 이 짐승의 모습은 특별한 의미를 상징합니다(9~11절).

그래서 9절은 이 짐승을 탐구하기 위해서 지혜가 필요함을 조언했습니다.

1) 일곱 머리는 여자가 앉은 일곱 산이요.

성경에서 산이나 언덕은 제국(나라)을 상징한 경우가 많습니다(시 30:7, 68:15). 그러므로 7머리는 7개의 왕국입니다. 분명한 것은 이 제국들이 "여자가 앉은" 음녀, 사탄의 조종을 받는 사탄의 제국이라는 사실입니다.

2) 7나라 중 다섯 왕국은 망했고 여섯째 왕국은 로마요 일곱째 왕국은 어디인가요?

이미 하나님을 박해했던 다섯 왕국은 지나갔습니다.

로마 이전(당시 상황으로)→이집트(겔 29~30장)→앗수르(나 3:1~19)→바벨론(사 21:9)→메대바사(단 10:13)→헬라(단 11:3~4).

3) 10뿔은 영광이라(12절).

10뿔은 왕의 권세를 가진 자들입니다. 하지만 12절을 자세히 보면 열 왕에게는 나라가 없습니다. 그래서 10뿔의 왕들은 자신의 권세를 짐승과 음녀에게 주어서 어린 양과 싸우도록 힘을 보태주는 자들입니다(13절).

그렇다면 로마가 지나간 후 일곱째 왕국은 어디일까요?
11절을 보면 이것은 예수님 재림 직전에 나타날 적그리스도 왕국을 말합니다.

3. 이 짐승의 세력은 처음에는 있었으나 지금은 없고 장차 무저갱에서 잠시 나왔다가 멸망으로 들어갈 자들입니다.

이 짐승의 최후가 멸망입니다. 무저갱으로 다시 들어가는 두 번째 사망을 맞게 됩니다. 사탄(짐승)의 결말은 불 못입니다(계 19:20).

4. 승리는 오직 어린 양 예수님에게만 있습니다(14절).

짐승들의 세력이 아무리 강해도 각 나라와 임금들의 권세를 더하고 합해도 어린 양을 이길 수 없습니다. 어린 양 예수님은 만국의 주시오, 만왕의 왕이십니다. 예수님과 함께 하는 자들은 짐승들을 이기는 자들이요, 짐승들이 두려워하는 자들입니다.

청중 적용

사랑하는 여러분!

1. 지금은 바다 짐승이 잠시 동안 세력을 과시하는 시간입니다.

무저갱에서 올라온 짐승들이 각 나라들의 세력과 왕들의 권세를 앞세우고 그 세력을 확장하여 주의 나라에 도전하는 기간입니다.

우리는 이 짐승들에게 속아서는 안 됩니다.

이 짐승에게 속은 자들은 그 이름이 생명책에 기록될 수 없습니다.

1) 하나님의 자녀가 아니기 때문입니다.

2) 하나님의 심판이 그들에게 정해졌기 때문입니다.

3) 다시는 하나님의 나라에 이를 수 없기 때문입니다.

영원한 멸망, 다시는 기회가 없는 저주의 시간에 던져지기 때문입니다.

2. 내 이름이 생명책에 기록된 것으로 기뻐하십시오.

내 이름이 아버지의 생명책에 기록된 것은 내가 하나님의 자녀이기 때문입니다.

1) 어떤 경우에도 믿음을 지키십시오.

누구에게도 예수 안에 있는 믿음의 복을 빼앗기지 마십시오. 믿음을 잃으면 사탄의 표적이 됩니다.

2) 짐승들의 세력을 이기십시오.

각 나라와 일꾼들의 모습을 살피고 어떤 삶을 살아야 되는지 지혜롭게 행동해야 합니다. 사탄은 마귀의 얼굴로 다가오는 것이 아닙니다. 각 나라와 민족과 방언들의 세력으로 다가옵니다. 깨어서 이들을 분별해야 합니다.

3) 승리는 보장되었습니다. 예수와 성도를 이길 자는 아무도 없습니다.

14절을 기억하세요!

"그와 함께 있는 자들 곧 부르심을 받고 택하심을 받은 진실한 자들도 이기리로다"(14)

청중 결단

주님을 의지합시다!

어려움을 당하더라도 주님과 함께라면 모든 것을 이겨나갈 수 있음을 믿고 나아갑시다!

> "이것을 너희에게 이르는 것은 너희로 내 안에서 평안을 누리게 하려 함이라 세상에서는 너희가 환난을 당하나 담대하라 내가 세상을 이기었노라"(요 16:33)

CHAPTER 52

하나님의 생각

계 17:15~18

> **자기 뜻대로**
>
> 17장 1절부터 등장하는 음녀의 정체는 실로 대단했습니다.
> 그런데 17절을 보면 "이는 하나님이 자기 뜻대로 할 마음을 그들에게 주사 한 뜻을 이루게 하시고 그들의 나라를 그 짐승에게 주게 하시되 하나님의 말씀이 응하기까지 하심이라."
> 하나님께서 "그들의 나라를 그 짐승들에게 주게 하시되."
> 여기서 말하는 "그들의 나라"는 어떤 나라입니까? 그리고 그 나라를 그 짐승에게 주셨다고 하셨는데 여기서 말하는 그 짐승이란, 사탄을 말합니다. 그렇다면 하나님께서 사탄, 짐승들에게 그 나라를 일부러 주셨다는 말입니다.
> 정말 이 말씀이 사실일까요?

설교를 이끄는 관점

17절 앞부분을 보면 이런 하나님의 의도가 좀 더 나타나고 있습니다.

> "이는 하나님이 자기 뜻대로 할 마음을 그들에게 주사"(17)

여기서 말하는 "하나님이 자기 뜻대로 할 마음"이란 하나님 스스로 자신의 뜻대로 결정하신 결과란 의미입니다. 이는 도무지 쉽게 이해할 수 없는 말입니다.

하나님께서 자기 뜻대로 되도록 당신의 마음을 내어주셨다는 말은, 하나님께서 어떤 결정을 그 짐승들을 통하여 이루신 것처럼 이해됩니다.

그렇다면 하나님께서 짐승들에게 내어주신 "그들의 나라"는 무엇을 말합니까?

하나님의 목적으로 해결

하나님께서 짐승들에게 내어주신 그들의 나라는 16절에 있습니다.

> "네가 본 바 이 열 뿔과 짐승은 음녀를 미워하여 망하게 하고 벌거벗게 하고 그의 살을 먹고 불로 아주 사르리라"(16)

이는 악인들이 서로 물고 뜯음으로 악인들끼리 싸워서 결국은 멸망에 이르도록 그들의 나라(악의 소굴)를 내어 주신 것을 말합니다. 하나님의 뜻은 악인들이(사탄의 나라) 서로 자멸하도록 그들의 나라를 내어 주셨습니다.

악인의 진멸(자멸)에도 하나님의 뜻(주권)이 포함되어 있음을 깨달아야 합니다.

이 사실을 알지 못하는 악의 세력들은 자신들의 힘과 세력을 과시하기 위해서 싸우는 것 같지만 결국은 하나님의 진노 안에서 멸망당하는 것입니다. 이것이 예수님 재림 직전의 마지막 징조입니다.

1. 악인의 심판(멸망)은 하나님의 뜻입니다.

악인 득세가 일시적으로는 하나님의 공의가 없어진 것처럼 보이지만 이 모든 과정은 하나님의 뜻이 이루어지는 시간입니다. 하나님의 결재 없이 아무것도 이루어지지 않습니다. 악인의 득세도, 악인의 망함도 모두 하나님의 뜻 안에서 일어나는 일입니다.

2. 악인에 대한 하나님의 뜻은 악의 세력 간의 자멸로 나타납니다.

열 뿔과 짐승이 음녀를 미워하여 망하게 했습니다. 본래 이들은 서로 악을 도모하던 동지들이었습니다. 사탄의 수하에서 서로 악을 조장하던 세력들이었습니다. 하지만 하나님의 뜻, 하나님의 때가 되어 서로 싸우다 결국은 음녀가 벌거벗게 되는 수치를 당하고 완전 패배하여 음녀의 살이 먹히고 아주 불살라지는 처참함에 처했습니다.

언뜻 보면 열 뿔과 짐승이 이긴 것처럼 보이지만 악으로 악을 다스리시고 멸망시키려는 하나님의 주권이 성취된 것입니다.

3. 악인 심판은 약속된 시간대로(말씀이 응하기까지) 이루어집니다.

"하나님의 말씀이 응하기까지 하심이라"(17)

이미 약속된 말씀대로, 시간표대로 악인의 징벌이 하나님의 계획된 뜻대로 이루어집니다. 하나님의 뜻은 일정하시고 변함이 없습니다. 저들은 하나님의 계획 안에서 서서히 망하게 됩니다.

청중 적용

사랑하는 여러분!

1. 지금도 하나님의 뜻은 이루어지고 있습니다.

눈에 보이는 악의 세력들이 득세하여 날뛰는 것처럼 보일지라도 결국 이들의 멸망은 정해져 있습니다.
* 우리는 이 사실을 놓치지 말아야 합니다.
* 악인을 악으로 징벌하시는 하나님의 뜻(주권)을 기억해야 합니다.
* 악인도 하나님의 뜻 안에서 움직이고 있음을 잊지 말아야 합니다.

2. 우리가 힘써야 할 일은 하나님의 뜻을 이루어드리는 일입니다.

하나님의 뜻은 변함없는 약속 안에 있습니다.

"그 말씀이 응하기까지"(17)

1) 말씀을 붙들고 살아야 합니다.
어떤 위기와 위험 앞에서도 말씀을 놓치지 말아야 합니다. 하나님의 모든 심판은 약속을 근거한 심판입니다. 말씀이 선악을 구별하는 기준입니다. 말씀을 붙잡고 사는 자는 사탄의 굴레에서 승리할 자입니다.

2) 악을 미워하고 선에 속해야 합니다.
악의 주관자는 사탄입니다. 음녀와 짐승들입니다. 악에게 지고 굴복하면 돌이킬 수 없는 결과가 찾아옵니다. 악에게 지지 말고 선으로 악을 이기십시오! 사탄의 속성은 죄악입니다. 선과 의를 행하는 자를 결국은 이길 수 없습니다.

3) 세상 것에 속지 마십시오!(18절)
마지막 멸망에 처한 음녀는 세상에서 왕들을 다스리던 큰 성이었습니다.
그가 멸망을 당할 때 그의 곁에는 아무도 없었습니다. 그가 의지하고 함께 했던 세력들은 아무 도움도 되지 않았습니다. 세상의 권세와 능력은 마지막 때 아무런 힘을 쓸 수 없습니다.

청중 결단

죄와 싸우십시오!→ 죄의 습성을 이겨내십시오!

CHAPTER 53

바벨론의 멸망

계 18:1~24

> **바 벨 론**
>
> 17장에서 큰 음녀의 심판을 보았습니다. 큰 음녀의 최후는 망하고 벌거벗겨지고 그의 살을 먹고 불로 아주 살라지는 처참하고 끔찍한 결과였습니다(17:16절).
> 이 일 후에 요한은 다른 천사가 하늘에서 내려오는 것을 보았는데 그 천사는 큰 권세를 가졌으며 그의 영광으로 땅이 환하여지는 것을 보았습니다. 곧 이어 그 천사는 힘찬 음성으로 모두 듣도록 이렇게 외쳤습니다.
> "무너졌도다 무너졌도다 큰 성 바벨론이여."

설교를 이끄는 관점

요한이 본 하늘에서 큰 권세를 가지고 내려온 천사는 어떤 천사입니까?

이 천사가 힘찬 음성으로 외친 내용을 보면 "큰 성 바벨론이 무너졌도다"라고 거듭해서 외쳤는데 큰 성 바벨론은 어떤 성이며 이 큰 성이 왜 무너진 것입니까?

큰 성이란 표현을 보면 그 성의 규모가 대단함을 짐작할 수 있습니다.
이런 큰 성이 무너졌다면 보통일이 아닐 것입니다.
이런 큰 성이 어쩌다 무너진 것입니까?
누가 이 큰 성 바벨론을 무너뜨린 것입니까?

하나님의 목적으로 해결

한마디로 이 큰 성 바벨론이 무너진 것은 하나님의 심판의 결과입니다. 다시 말하면 하나님께서 이 큰 성 바벨론을 직접 무너뜨리셨다는 말입니다(8절).

1. 큰 성 바벨론은 어떤 성입니까?

17장에서는 바벨론을 큰 성 음녀라고 불렀고, 18장에서는 하나님을 대적하는 이 세상의 총체적인 사탄의 세력들을 말합니다. 바벨론이 무너졌다는 것은 이른바 이 세상 문화의 종말을 의미합니다. 이 세상 역사의 종말을 의미합니다.

2. 큰 성 바벨론이 무너진 이유가 있습니다.

18장의 바벨론은 세상 문화의 종말을 말하고 있습니다.

세상이 망하게 된 이유가 있습니다.
1) 사탄, 악령의 지배를 받았기 때문입니다(2절).
귀신의 처소, 각종 더러운 영이 모이는 곳, 각종 더럽고 가증한 새들이 모이는 곳이 바로 바벨론입니다. 사탄과 귀신의 조종을 받고 움직이는 세력들이 바벨론의 정체입니다. 하나님은 사탄의 왕국을 무너뜨리셨습니다.

  2) 음행 때문입니다(3절).
  여기서 말하는 음행은 하나님을 배신하고 우상숭배의 죄악에 빠진 영적 간음과 그 추종세력들이 세상 속에 빠져서 저지른 더러운 타락 행위를 모두 포함하는 말입니다. 우상 숭배와 자기 신격화는 하나님의 진노의 대상입니다. 하나님께서는 이러한 죄악을 끝까지 추적하여 심판하십니다.

  3) 교만 때문입니다(7절).
  자신은 절대로 무너지지 않는다는 자기 교만과 자기도취는 멸망의 원인이었습니다. 교만과 극단적인 자기만족은 하나님을 업신여기는 패망의 지름길입니다.

  4) 사치와 부정 축재 때문입니다(3절).
  땅의 임금들과 지도자들이 돈만 있으면 못할 것이 없다는 생각으로 돈으로 치부하고 사치함으로 타락과 방종을 일삼았기 때문입니다. "치부"는 돈을 모아서 부자 된 것을 의미하지만 여기서는 잘못된 방법으로 부를 이룬 부정 축재를 말합니다.

  5) 불의 때문입니다(5절).
  이들의 불의 중 극에 달한 죄악은 인신매매입니다.
  하나님은 이들의 이런 극악한 죄악을 낱낱이 기억하시고 심판하셨습니다. 13절을 보면 이들의 무역거래 상품 중 종들 즉 사람을 사고파는 일이 성행했습니다. 인신매매는 하나님의 보좌에까지 상달된 최고의 죄악입니다.

6) 신자들을 박해하고 살해하는 일 때문입니다(24절).
세상은 거대한 힘을 이용해서 교회와 신자들을 박해하고 피를 흘렸습니다(17:6, 19:2).

3. 큰 성 바벨론의 멸망은 하나님께서 그 행위대로 갚아주신 결과입니다(5~6절).
바벨론의 죄악은 하늘의 하나님의 보좌에까지 사무치도록 전달되었습니다. 하나님은 그들의 불의한 일을 빠짐없이 기억하셨고 그 행위대로 갑절이나 갚아주셨습니다.

* 6절에, "갑절"이란 말이 반복되고 있음을 놓치지 말아야 합니다.
여기서 문자적으로 "갑절"은 두 배란 의미지만 원문상으로는 그들의 행위에 대한 빠짐없이, 가득하게, 완전하게 심판하셨다는 의미입니다. 하나님은 바벨론의 죄악에 대하여 머리카락 하나라도 빠짐없이 그 죄악을 갚으시는 공의의 하나님이십니다.

4. 큰 성 바벨론은 다시는 힘을 쓸 수 없는 영원한(종말적) 심판을 받았습니다(21~23절).
바다에 빠진 맷돌이 스스로 바다 위로 절대 올라올 수 없듯이 바벨론의 종말이 이러함을 온 천하에 선포하셨습니다.

"또 거문고 타는 자와 풍류하는 자와 퉁소 부는 자와 나팔 부는 자들의 소리가 결코 다시 네 안에서 들리지 아니하고 어떠한 세공업자든지 결코 다시 네 안에서 보이지 아니하고 또 맷돌 소리가 결코 다시 네 안에서 들리지 아니하고"(22)

"등불 빛이 결코 다시 네 안에서 비치지 아니하고 신랑과 신부의 음성이 결코 다시 네 안에서 들리지 아니하리로다 너의 상인들은 땅의 왕족들이라 네 복술로 말미암아 만국이 미혹되었도다"(23)

"결코 다시는 네 안에 보이지 아니하리라"는 말을 6번이나 강조하고 있습니다.

세상 큰 성 바벨론의 끝이 있음, 영원한 끝이 있음을 잊지 말아야 합니다. 모두 죄악을 청산하지 아니한 결과입니다.

청중 적용

사랑하는 여러분!

1. 우리는 큰 성 바벨론에서 살고 있습니다.

우리가 먹고 마시고 생활하는 이 지구촌이 바로 큰 성 바벨론입니다. 한마디로 우리가 사는 이 지구촌은 영원한 곳이 아닙니다.

* 큰 성 바벨론은 사탄과 귀신의 세력들이 주도하는 곳이었습니다.
* 사치와 교만과 음행이 멈추지 않는 곳이었습니다.
* 계속적으로 교회를 핍박하고 신자들의 신앙을 파괴하는 세

력들이 득세하는 곳이었습니다. 하지만 하나님께서 모든 것
을 기억하셨고 그 행위대로 갑절이나 갚아 주셨습니다.
* 우리는 이 사실을 잊으면 안 됩니다.

큰 성 바벨론의 죄악들이 24시간 365일 멈추지 않는 이 땅은
심판과 저주의 대상입니다.

2. 지금은 깨어서 준비해야 할 때입니다.
하나님께서 요한의 눈을 열어서 이런 종말의 때를 미리 보여
주신 것은 준비할 수 있는 기회를 주시기 위해서입니다.

1) 죄악을 버려야 합니다.
특히 우리를 멸망에 이르게 하는 3대 죄악을 뿌리 뽑아야 합니다.
① 음행 - 우상숭배와 음행(성적 타락)
② 교만 - 자기만족과 하나님 멸시와 대적
③ 사치와 치부 - 무절제하는 탐닉과 부정 축재

2) 하나님께 더 가까이 나아가십시오.
세상에 죄악이 가득하고 유혹과 미혹의 세력들이 넘쳐날수록
성도들은 하나님께 더 가까이 나아가야 합니다. 하나님께서 내
얼굴과 삶을 기억하십니다.
그 분께서 내게 갑절이나 복을 더하시도록 더 가까이 나아가
야 합니다.

* 마지막 때 복을 받는 3가지 방법

① 예배
② 섬김
③ 봉헌/헌금

3) 하나님은 우리의 선악 간의 모든 것을 기억하십니다.
하나님은 현세와 내세에 복과 저주를 그 행위대로 내리시는 분입니다.

청중 결단

성도로서 절제되고 단정한 삶을 살아봅시다!
신앙은 삶으로 나타납니다.
삶이 무너진 자는 완전한 신앙인이라 할 수 없습니다!

CHAPTER 54

할렐루야
계 19:1~5

> **할 렐 루 야**
> 우리 주변에서 가장 많이 듣는 신앙적 용어가 있다면 아멘과 할 렐루야입니다. 성도 간의 교제나 예배에 빠져서는 안 되는 중요한 신앙고백 중 하나입니다.
> 계 19장은 성도들의 구원 완성과 거짓 선지자와 사탄을 따르던 무리들의 마지막 심판을 보여주고 있습니다. 1절을 시작하면서 "하늘에 허다한 무리의 큰 음성 같은 것이 있어 이르되 할렐루야 구원과 영광과 능력이 우리 하나님께 있도다"라고 했습니다.

설교를 이끄는 관점

요한이 보고 있는 세계는 인간의 영역이 아닙니다.

하나님께서 요한의 영안을 열어서 계시, 환상을 보여주고 계시기 때문입니다.

그렇다면 하늘에서 들려온 허다한 무리의 큰 음성은 누구의 음성입니까?

이 무리들은 무엇을 보고서 큰 음성으로 "할렐루야"라고 외쳤을까요?

본문 안에는 "할렐루야"란 말이 4번이나 나옵니다. 이들은 어떤 경우에 할렐루야를 외쳤습니까?

여러분은 어떤 경우에 "할렐루야"를 외칩니까?
여러분의 입에서는 "할렐루야"라는 신앙고백이 얼마나 자주 고백되고 있습니까?

하나님의 목적으로 해결

여기서 할렐루야를 외친 자들은 천사들과 24장로나 네 생물입니다. 이들은 보좌에 앉으신 하나님을 향하여 경배하며 찬양한 고백이 할렐루야입니다.

*할렐루야는 "야훼를 찬양하라, 하나님을 찬양하라"는 의미입니다.

이들이 하나님을 할렐루야로 찬양한 것은

1. 큰 음녀를 심판하신 하나님의 참되심과 의로우심을 찬양했습니다(2절).
큰 음녀는 소돔과 고모라와 같은 바벨론입니다. 온갖 죄악들로 세상을 미혹하여 타락시키고 교회와 성도들을 핍박하던 더러운 세력입니다.

하나님은 이들 세력을 심판하셨습니다.
하나님의 심판은 오차가 있을 수 없습니다. 하나님은 그들의 죗값대로 심판하심으로 하나님의 참되심, 거짓과 불의를 미워하시고 의로우심, 정의와 의가 끝까지 승리함을 보여주셨기에 찬양받으시기 합당하신 하나님께 할렐루야로 경배하고 높여드렸습니다.

2. 자기 종들의 피를 그 음녀의 손에 갚으셨기 때문입니다.
여기서 "자기 종들의 피"란 음녀의 세력들과 싸우다 피 흘린 성도들, 순교자들을 의미합니다. 자기 종들이 음녀의 세력 앞에서 피를 흘릴 때 세상과 음녀는 자기들이 승리한 것처럼 기뻐했습니다. 하지만 하나님께서는 그 순교자들의 핏 값을 고스란히 갚아주셨습니다. 이는 자기 종들에 대한 보복이 아니라 음녀의 죗값을 하나도 남김없이 치르게 하셨습니다.

3. 할렐루야, 하나님을 찬양하는 일에는 작은 자나 큰 자나 구별이 없습니다.
구원 받은 자, 음녀의 세력에서 건짐 받은 자는 남녀노소를 막론하고 큰 자나 작은 자, 조건이나 여건 등을 따지지 말고 하나님을 찬송해야 합니다.

하나님을 찬양하는 일에는 시간과 장소가 중요하지 않습니다.

그 어떤 것도 하나님을 찬양하는 일을 방해할 수 없습니다.

하나님의 백성들이 하나님을 찬양하는 일보다 더 우선되고 중요한 것은 없습니다.

4. 우리가 올리는 "할렐루야" 찬양은 세세토록 연기가 되어서 올려집니다(3절).

하나님은 성도들의 찬양을 세세토록 받으시기 원하시며 성도들의 할렐루야 찬양은 하나님의 보좌에 세세토록 올려져서 하나님을 기쁘시게 합니다.

5. 우리가 찬양해야 될 제목은 구원과 영광과 능력이 우리 하나님께 있음을 할렐루야로 영원토록 찬양해야 됩니다.

하나님 외에는 구원할 자, 구원자가 없기 때문입니다.

오직 하나님 외에는 영광 받으실 대상이 없기 때문입니다. 우리 하나님만이 살아계신 능력으로 24시간 우리를 도우시기 때문입니다. 하나님의 능력을 자기 종들에게 부어주셔서 악의 무리들에게서 보호하시기 때문입니다.

청중 적용

사랑하는 여러분!

1. 24시간 내 입에서는 어떤 말이 나오고 있습니까?

혹시 한숨소리, 탄식소리, 비방과 원망의 소리만 나오지는 않겠지요! 이런 소리는 하나님을 모르는 자들의 입술에서 나오는 고백입니다.

그들 안에는 하나님께서 주시는 기쁨과 즐거움, 소망이 없기 때문입니다. 눈에 보이는 것만을 좇다 보니 보이는 대로, 느끼는 대로, 들리는 대로 반응할 수밖에 없습니다.

하나님의 자녀들의 입술에서 이런 고백이 나온다면 큰일입니다.
그는 하나님을 잃어버렸거나, 세상에 사로잡혀서 하나님에 대한 모든 것이 정지되었기 때문입니다.

지금 내 입술에서 어떤 소리들이 자주 나오는지를 점검하셔야 합니다.

2. 성도들의 입에는 24시간 "할렐루야" 찬양이 멈추지 말아야 합니다.

하나님께서 주신 은혜는 찬양받으시기에 너무도 합당하시기 때문입니다.

1) 세상 죄에서 건져주신 은혜는 당연히 할렐루야입니다.

음녀의 세력에서, 음행과 온갖 죄악에서 건져주신 은혜를 기억하신다면 할렐루야 찬송이 저절로 나와야 합니다. 죄악으로 인한 절망과 고통을 아는 자라면 더욱 더 할렐루야 찬양을 멈추지 않아야 합니다.

2) 24시간 나를 지키시고 보호하시는 은혜를 아는 자라면 당연히 할렐루야입니다.

24시간 우리를 구원하시는 하나님의 능력이 나와 함께 하시기에 하루하루 승리할 수 있습니다. 그분의 구원과 능력이 멈춘다면 우리는 하루도, 한 시간도 버틸 수 없습니다. 이런 은혜로 사는 자가 어찌 찬양하지 않을 수 있습니까!

3) 하나님께 드리는 찬양(할렐루야 경배)은 현세와 내세에 받을 복입니다.

하나님은 우리가 드린 할렐루야 찬양 고백을 하나도 빠짐없이 기억하시고 상을 주십니다. 하나님을 높이고 기쁘시게 했기 때문입니다.

청중 결단

호흡이 있는 자마다 여호와를 찬양합시다!
할렐루야로 시작하여 할렐루야로 마칩시다!

CHAPTER 55

어린 양의 혼인잔치

계 19:6~10

> ### 혼 인 잔 치
>
> 계 19장에서 요한은 여러 번의 음성과 소리들을 접했습니다. 9절에서는 천사가 직접 요한에게 어떤 소리를 들려주면서 기록하라고 합니다.
> "천사가 내게 말하기를 기록하라 어린 양의 혼인잔치에 청함을 받은 자들은 복이 있도다 하고 또 내게 말하되 이것은 하나님의 참되신 말씀이라 하기로."
> 천사가 들려준 음성의 핵심은 어린 양의 혼인잔치에 청함을 받은 자들은 복이 있다는 음성이었습니다.

설교를 이끄는 관점

어린 양의 혼인잔치란 어떤 잔치를 말합니까?
이 어린 양의 혼인잔치에는 어떤 사람들이 참석합니까?
혼인잔치에서 가장 복된 사람은 신랑과 신부입니다. 그런데 왜 청함을 받은 자들이 복이 있다고 합니까?

여러분 중에 어린 양의 혼인잔치에 초청받은 사람이 있습니까?

어린 양의 혼인잔치가 어떤 잔치이기에 천사까지 나서서 이 잔치를 알리는 것일까요?

하나님의 목적으로 해결

어린 양의 혼인잔치는,

어린 양 예수 그리스도와 신부인 교회(성도)가 혼인하는 잔치입니다. 이 혼인잔치는 신랑 되신 예수님과 신부인 교회(성도)가 영원히 하나 되는 잔치로, 친밀한 연합 그리고 완전하고 완성된 잔치입니다.

1. 교회(성도)를 그리스도의 아내라고 했습니다.

여기서 신부 대신 "아내"라는 용어를 쓴 것은 이미 신부된 교회(성도)가 결혼한 여자와 동등한 법적 보장을 받았다는 의미입니다. 성경은 교회와 그리스도의 관계를 부부관계로 표현한 곳이 아주 많습니다(고후 11:2, 엡 5:22~27, 마 25:1~13).

2. 신부(교회, 성도)가 입은 웨딩드레스는 빛나는 세마포입니다(8절).

이 세마포는 7절에서 "그 아내가 자신을 준비하였으므로" 신부된 교회가 세마포를 입을 준비가 되었음을 말합니다. 또한 8절에서는 "그에게 빛나고 깨끗한 세마포 옷을 입도록 허락하셨으니"라고 했습니다. 신부(교회)가 입는 세마포는 스스로 준비한 것임과 동시에 신랑 되신 예수께서 입도록 허락하신 것입니다.

이는 신부된 교회와 성도들이 자신의 "의"만으로는 혼인잔치에 참여할 수 없습니다. 그러므로 예수께서 우리 대신 피 흘려주셔서 그 피를 믿는 자들을 그 피로 씻어서 빛나는 세마포를 입고 혼인잔치에 참여하도록 자격을 주신 것입니다(7:14). 그러므로 신부는 혼인잔치에 참여할 때까지 그 옷이 더럽혀지지 않도록 자신을 준비해야 합니다.

3. 혼인잔치에 청함을 받은 자들은 14만 4천 명입니다.

그 이마에 하나님의 인침을 받은 택한 성도들입니다(계 7:4, 16~17). 이들은 하나님의 자녀로 선택된 자들입니다. 그래서 이 땅에서 어린 양 예수 그리스도를 믿고 신부된 자격을 얻은 자들입니다. 이들은 하나님의 특별한 은총과 자격을 누릴 자들입니다.

* 이들이 복 되다 한 것은,
이들이 어린 양 예수 그리스도의 신부로서 어린 양과 결혼을 했기 때문입니다 그와 함께 세세토록 영생을 누리며 살 것이기 때문입니다.

청중 적용

사랑하는 여러분!
1. 여러분은 어린 양의 혼인잔치에 청함을 받았습니까?

우리는 신랑을 맞이해야 할 신부들입니다.

어린 양의 혼인잔치에 깨끗하고 빛나는 세마포를 입고 신랑 되신 예수님을 맞이할 준비가 되었습니까?

신부의 책임과 의무는 신랑을 맞이할 그날을 기다리며 신랑이 원하는 자격을 갖추는 일입니다. 신부의 자격과 책임을 잊어버린 신부는 신랑과 함께 혼인잔치에 참여할 수 없습니다.

지금은 신랑을 맞이할 준비를 할 때입니다. 우리는 이 시기를 놓치지 말아야 합니다.

2. 준비된 자만이 어린 양의 혼인잔치에 참여할 수 있습니다.
신랑 되신 예수님은 준비되지 않은 신부들에게 혼인잔치의 문을 열어주지 않습니다.

1) 어린 양의 피로 그 옷을 씻어야 합니다.
옷은 신분을 의미합니다. 어린 양의 피로 씻기지 않은 옷은 더러운 옷, 죄인의 옷, 신부의 자격을 잃어버린 옷입니다. 어린 양의 피로 그 옷을 씻으려면, 어린 양 예수께서 내 죄를 위하여 피 흘려주셔서 내 죄와 죄인 된 신분을 새롭게 씻어주셨음을 믿어야 합니다.

어린 양의 피로 죄 씻음을 받은 자만이 신부의 자격을 가지게 됩니다.

2) 성도로서의 옳은 행실을 보여야 합니다.
신부 된 성도는 절제되고 순결한 삶을 나타내야 합니다.
누가 보아도 어린 양 예수의 신부다운 모습이 나타나야 합니다.
성도의 옳은 행실은 기록되어진 말씀대로 사는 행위입니다.
신랑의 기준(말씀)대로 사는 것이 신부의 옳은 행실입니다.

3) 하나님은 어린 양의 혼인잔치의 주관자이십니다.
우리가 즐거워하고 크게 기뻐하며 그 잔치에서 하나님께 영광을 돌리는 그날을 사모해야 합니다. 어린 양의 혼인잔치는 하나님께서 준비하신 최고의 날입니다. 이 잔치에 청함 받은 자들은 영원히 복된 자들입니다.

청중 결단

신부된 삶을 삽시다!
예수를 위해서 삽시다!
신랑을 소망하며 삽시다!

CHAPTER 56

백마를 탄 자
계 19:11~21

> **백 마**
> 이전에 요한은 하늘 문이 열리고 보좌가 나타난 것을 보았고(4:1) 하늘에 성전이 열리는 것도 보았습니다(15:5). 그런데 또 하늘이 열린 것을 보았습니다. 그리고 백마와 그것을 탄 자를 보았습니다.

설교를 이끄는 관점

요한이 본 백마와 그것을 탄 자는 누구입니까?
왜 그는 백마를 타고 있습니까?
그가 백마를 타고 나타난 이유(목적)는 무엇입니까?

하나님의 목적으로 해결

백마 탄 자, 그는 다시 오시는 예수 그리스도입니다.

그가 백마를 타신 것은 승리자, 정복자이시기 때문입니다. 그는 세상을 공의로 심판하며 이 땅을 더럽혔던 짐승들과 마지막 전투를 하시기 위해서 백마를 타시고 전사자의 모습으로 나타나셨습니다.

1. 백마를 타신 예수 그리스도를 나타내는 이름들

1) 충신과 진실(11절).
예수 그리스도는 변함이 없는 분이십니다. 예수님은 믿음의 주로 우리를 온전하게 하실 확실한 믿음의 대상이십니다.

2) 하나님의 말씀(13절).
예수 그리스도는 살아계신 말씀이십니다(요 1:1).
예수님은 당신의 모든 것을 말씀을 통하여 이루어가십니다. 이미 말씀하셔서 기록 된 말씀을 근거로 그 입에서 나오는 말씀을 통하여 심판을 행하시며 짐승들과 싸우실 것입니다.

3) 만왕의 왕 만국의 주.
예수 그리스도는 모든 것을 다스리는 왕 중의 왕이시며 모든 것들의 주인이십니다.
오직 예수 그리스도만이 모든 것을 심판하고 다스릴 자이십니다.

2. 백마 타고 정복하시는 예수 그리스도

1) 공의로 싸우시는 그리스도(11절).
예수 그리스도는 공의, 정의롭게, 거짓이 없는 공정한 심판과

의를 앞세워 악의 무리들을 정복하십니다.

 2) 하늘 군대의 호위 속에서 싸우시는 그리스도(14절).
 하늘 군대란 예수 그리스도의 정복을 따르는 천사들의 무리입니다. 또한 이미 천상에서 주님과 함께 마지막 정복을 기다리던 성도들의 무리입니다. 천사들은 희고 깨끗한 세마포를 입을 수 없습니다. 그러므로 이는 천상에 있는 성도들의 무리임에 틀림이 없습니다.

 3) 그 입의 검으로 싸우시는 그리스도(15절).
 그 입에서 나오는 예리한 검은 말씀이십니다.
 악인을 심판하시는 하나님의 호령입니다(살후 2:8).
 예수님은 그 입의 말씀 만국을 쳐서 단번에 악의 무리들을 지옥에 던지십니다.

 4) 철장으로 싸우시는 그리스도(15절).
 철장은 쇠막대기, 철 몽둥이란 뜻입니다(시2:9)
 목자는 양들을 지팡이로 인도합니다. 그러나 악인에게 예수님은 쇠막대기로 무자비하게 다스립니다. 예수님은 악의 무리에 대해서 인정사정이 없으십니다.

 5) 맹렬한 진노로 싸우시는 그리스도(15절).
 익은 포도 알이 포도주 틀에서 짓밟히는 것처럼 악인의 최후가 이같이 맹렬한 진노로 포도주 틀에 밟히는 것처럼 짓밟힐 것입니다. 이는 예수 그리스도의 진노가 절대로 피할 수 없는 진노임을 알아야 합니다.

3. 백마 탄 예수 그리스도에게 결박당하는 짐승들

백마를 타신 예수 그리스도는 짐승과 그 군대와 더불어 싸우셨습니다.

1) 짐승들의 최후의 도전(19절).

그 짐승들과 땅의 임금들과 그들의 군대들이 모여서 그 말 탄 자와 그 군대와 더불어 전쟁을 일으켰습니다. 짐승들은 사탄의 무리들과 땅의 임금들 즉 열 뿔들이며 그 군대들은 그를 추종하는 666의 표를 받은 무리들입니다.

이 짐승의 세력들이 말을 탄 자, 예수 그리스도에게 먼저 도전해 왔습니다.

2) 짐승과 거짓 선지자들의 멸망(20절).

짐승들이 잡혔습니다. 여기서 짐승은 바다에서 올라온 짐승, 세상 권력이고 거짓 선지자는 땅에서 올라온 짐승, 거짓 종교 세력들입니다. 저들은 산 채로 유황불 못에 던져졌습니다. 영원한 지옥에서 영벌이 시작되었습니다.

3) 나머지의 멸망(21절).

"그 나머지"는 두 짐승을 추종하던 모든 세상의 악의 무리들을 총칭한 말입니다.

이 악의 무리들은 주님의 입에서 나오는 검으로 죽임을 당했습니다. 기록된 말씀대로 심판을 받았습니다. 그리고 그들의 육체는 모든 새가 그 고기로 배불리 채웠습니다(17~19절).

"모든 자의 살을 먹으리라"는 말은 마지막에 이루어질 인류의 대량 살상을 의미하며 그 비극을 큰 잔치에 비유했습니다. 이것은 불신앙의 인류가 받을 저주를 뜻합니다.

* 성경은 여러 곳에서 사람의 시체가 동물이나 새들의 밥이 된 것은 하나님의 진노와 저주를 의미했습니다(렘 7:33, 16:1~4, 겔 39:17~20).

4. 성도에게는 어린 양의 혼인잔치가 있으나 불신자에게는 고기 잔치, 살육의 큰 잔치가 있습니다.

여기에는 큰 사망과 영원한 고통이 있습니다.
1) 죗값으로 받은 죽음이기 때문입니다.
2) 죄 문제를 해결하지 못한 죽음이기 때문입니다.
3) 심판의 부활로 받은 죽음이기 때문입니다.
4) 영원히 사라지지 않는 고통의 죽음이기 때문입니다.

청중 적용

사랑하는 여러분!

1. 예수 그리스도께서는 다시 오십니다!

그날은 하늘이 열리고 모든 자들이 백마를 타고 오시는 심판과 승리자 예수님을 보게 됩니다.

우리가 분명히 알아야 할 것은,
* 예수님의 심판은 피할 수 없습니다.
* 예수님의 심판 대상은 짐승들과 거짓 선지자, 그리고 그를 따르는 모든 불신 세계입니다.
* 예수님의 심판은 물 한 방울의 자비도 없는 인정사정 없는 철장의 심판입니다.
* 모든 자들이 심판의 대상입니다.
* 신자는 영생으로 불신자는 영벌로 갈라지는 돌이킬 수 없는 심판입니다.
* 지금 나는 예수님의 심판대 앞에 설 준비가 되었습니까!

2. 오늘이 기회입니다!

백마를 타신 예수님 편에 서서 영생을 누릴 수 있는 마지막 기회입니다.

백마를 타신 예수님께서 다시 오실 시간이 아직은 남아있기에 오늘 그분을 맞이할 준비를 해야 됩니다.

1) 예수 그리스도를 믿고 믿음 위에서 흔들리지 마십시오!

다시 오시는 예수님은 믿는 자들의 목자이십니다. 그가 오셔서 우리를 영원한 목마름과 배고픔이 없는 천국 초장으로 인도하실 것입니다. 하지만 예수님을 믿지 않는 불신 세력들은 철장으로, 쇠몽둥이로 다스리시며 산 채로 유황불 못에 던지실 것입니다.

2) 짐승들과 거짓 선지자들의 미혹을 주의하십시오!

짐승과 거짓 선지자에게 미혹되어서 그 짐승의 표를 받고 그의 우상에게 경배하던 자들을, 미혹하던 자들을 물리쳐야 합니다. 이들은 마지막에 산 채로 유황불에 던져질 자들입니다. 하나님의 진노와 저주의 대상입니다.

이들을 따르는 자도 마찬가지입니다. 하나님의 저주를 피할 수 없습니다. 그러므로 마지막 날에 날뛰는 짐승과 거짓 선지자들의 무리를 경계하고 물리쳐야 합니다. 그를 따르던 자들의 살을 새들이 먹어버리는 끔찍한 순간을 상상해 보십시오!

3) 다시 오시는 예수님은 만왕의 왕이시오 만국의 주이십니다. 모든 왕들이 그를 이길 수 없으며 세상의 모든 것들은 그의 입에서 나오는 말씀으로 정리될 것입니다. 우리는 이 예수님을 소망하며 준비하며 기다려야 합니다.

청중 결단

히 10:19~25

Revelation
요한계시록

PART_6
20~22장

Revelation

CHAPTER 57

천 년 동안 결박하여 ①

계 20:1~3

> **천 년 동 안**
>
> 1절에서 요한은 천사가 무저갱의 열쇠와 큰 사슬을 그의 손에 가지고 하늘에서 내려오는 것을 보았습니다. 하늘에서 내려온 천사는 용을 잡아서 천 년 동안 결박하여 무저갱에 넣어 잠그고 그 위에 인봉하여 천년이 차도록 다시는 만국을 미혹하지 못하게 했습니다.
> 얼마나 다행스런 일입니까! 천사가 잡은 용은 옛 뱀이요, 마귀요, 사탄입니다. 사탄을 결박하여 무저갱에 넣고 문을 잠그었으니 이제는 사탄이 어찌할 수 없게 되었습니다.

설교를 이끄는 관점

그런데 3절 마지막 부분을 보면, "그 후에는 반드시 잠깐 놓이리라"고 합니다.
왜 천 년 동안 결박한 용, 사탄을 잠시라도 풀어준단 말입니까! 사탄은 풀어주면 안 됩니다! 사탄이 어떤 존재입니까!
사람을 미혹하고 파괴시키는 악한 존재입니다. 이런 사탄을 풀어준다면 무슨 짓을 할지 모릅니다. 절대 풀어주어서는 안 됩니다!

이해할 수 없는 말씀입니다.
용, 사탄이 결박을 끊고 도망친 것도 아니고 "반드시 잠깐 놓이리라"는 말은 누가 일부러 사탄을 풀어준다는 말인데 누가, 무엇 때문에 천 년 동안이나 결박된 사탄을 놓아준단 말입니까!

만일 잠깐 놓아주었다가 다시 결박하지 못한다면 어찌 되는 것입니까? 왜 이런 일을 하는지 도무지 이해할 수 없습니다.

하나님의 목적으로 해결

사탄을 잡아서 천 년 동안 결박한 장소는 무저갱입니다. 이 무저갱은 짐승 또는 사탄의 임시 처소입니다. 본문을 자세히 이해해야 되는 것은, 용을 잡아서 결박했다는 것이 마귀를 죽였다는 의미가 아니라 잠시 그 활동에 제한을 가했다는 말입니다.
무저갱에 사탄을 결박하여 천 년 동안 사탄의 활동을 제한하고 이제 잠시 풀어준 후에 사탄을 영원히 유황불 못에 던지려는 것입니다.

1. 천사가 잡은 용은 옛 뱀, 마귀, 사탄입니다.
옛 뱀은 옛날에 에덴동산에 나타났던 뱀이며(창 3:1), 마귀는 중상모략자이고, 사탄은 대적, 원수, 악귀들의 우두머리입니다.

2. 천 년 동안 결박된 용은 무저갱에 던져지고 잠금을 당했습니다.

사탄이 결박된 것은 그리스도께서 지상에 계실 때 마귀를 결박한 것을 의미합니다(마 12:29, 막 3:27) 이로써 사탄의 활동은 무기력해졌으나 완전히 소멸된 것은 아닙니다. 사탄의 권세가 약화되었고 활동에 제한을 받게 되었습니다. 창 3:15절은 이런 사탄의 형편을 "뱀의 머리를 상하게 하였다"라고 표현했습니다.

* 예수님의 사탄 결박은 광야에서 시험을 물리치셨을 때 이루어졌습니다(마 4장).

3. 천 년 동안의 천년은 문자적 의미가 아니라 상징적 숫자입니다.

천년은 예수님의 초림부터 재림까지의 기간입니다. 이 기간은 예수님의 오심으로 말미암아 사탄의 활동이 제한된 기간입니다.

4. 그 후에 잠깐 놓이리라는 말은 사탄의 완전 결박을 위한 하나님의 주권입니다.

"그 후에." 이는 마지막 종말 때를 이르는 말로써 사탄의 본격적인 활동이 있을 것을 말합니다(7~8절).

예수님의 재림 직전 사탄의 강력한 활동과 미혹이 있을 것인데 이 기간이 "잠깐"입니다. 이 기간은 하나님의 허락 하에 이루어지는 기간입니다.

이 일은 사탄을 완전히 제거하시기 위한 하나님의 계획 가운데 이루어지는 일입니다.

청중 적용

사랑하는 여러분!

1. 지금이 어느 때인지를 알아야 합니다.

지금은 사탄이 결박되었다가 잠깐 놓임을 당하여 활동하는 시기입니다. 마치 우는 사자처럼 삼킬 자를 두루 찾는 시기입니다.

이 사탄의 세력은 바다짐승과 땅의 짐승을 앞세워서 교회와 복음운동을 집요하게 방해하며 세상을 어지럽히고 있습니다. 잠시 후면 유황불 못에 던져질 것이지만 그때까지 그 세력을 감당하는 일이 쉽지 않습니다.

사탄의 세력들을 찾아서 싸우고 이겨야 합니다.
하지만 우리의 힘과 능력으로는 이 사탄의 세력들을 능히 감당하기 어렵습니다.
우리에게 사탄을 이길 힘과 능력이 필요합니다!

2. 사탄의 권세는 예수님의 이름으로 결박됩니다.

예수님의 권세가 아니면 그 누구도 사탄을 이길 수 없습니다. 사탄이 두려워하는 것이 예수님의 이름과 권세입니다.

1) 사탄은 바른 진리, 바른 복음이 전파되는 곳에는 더 이상 힘을 쓸 수가 없습니다.
바른 진리, 바른 복음은 오직 예수님만을 드러내기 때문입니다. 예수님 외에는 어느 것도 자랑하지 않기 때문입니다.

2) 사탄은 대적해야 물러갑니다.

그냥 두면 더 큰 세력으로 다가오지만, 예수의 이름으로 싸우고, 대적하고, 물리치면 더 이상 어찌할 수 없습니다.

"마귀를 대적하라, 그리하면 물러가리라!"

3) 하나님은 교회와 성도들을 끝까지 보호하십니다.

사탄의 권세는 결국 무너질 수밖에 없습니다.

청중 결단

시험에 들지 않도록 깨어있으십시오!

CHAPTER 58

천 년 동안 결박하여 ❷

계 20:4~6

천 년 동안

요한은 보좌들과 거기에 앉은 자들을 보았습니다. 그리고 또 다시 목 베임을 당한 자들의 영혼들과 또 짐승과 그의 우상에게 경배하지 아니하고 그들의 이마와 손에 그의 표를 받지 아니한 자들이 살아서 그리스도와 더불어 천 년 동안 왕 노릇 하는 것을 보았습니다(4절). 그리고 6절 마지막 부분에서도 "천 년 동안 그리스도와 더불어 왕 노릇하리라"고 했습니다.

설교를 이끄는 관점

요한이 본 것들은 정확히 무엇일까요?
"보좌들과 거기에 앉은 자들"은 누구입니까?
"목 베임을 당한 자들의 영혼들"은 누구입니까?
"짐승과 우상에게 경배하지 아니하고 그들의 이마와 손에 표를 받지 아니한 자들"은 누구입니까?
"그리스도와 더불어 천 년 동안 왕 노릇하리라"고 두 번이나 증언하고 있는데 누가 그리스도와 천 년 동안 왕 노릇하며 실제로 천년왕국이 도래하는 것이 맞습니까?

하나님의 목적으로 해결

요한이 본 것은 예수의 증거와 하나님의 말씀을 인하여 목 베임 받은 자들의 영혼들입니다(4절). 여기서 "영혼들"이란, 사람이 죽고 나서도 계속 실존하는 실체입니다(마 10:28).

따라서 요한이 본 것은 낙원에 있는 순교자들의 영혼들입니다(계 6:9). 비록 이들은 이 세상에서는 말씀을 인하여 목 베임을 당했지만 그들의 영혼은 천국(낙원)에서 영생합니다.

천국은 이 땅에서 믿음을 지킨 자들의 영혼들이 천 년 동안 왕 노릇 하는 축복의 장소입니다.

그리스와 함께 왕 노릇 하는 자들은,

1. 예수의 증거와 말씀을 인하여 목숨을 버린 자들입니다.

이들은 예수의 증인들, 예수님의 십자가와 부활을 증거하다가 목숨을 잃은 자들이며 말씀대로 살기 위해서 핍박과 환난을 두려워하지 않고 죽기까지 믿음을 앞세우고 싸운 자들입니다.

2. 짐승과 그의 우상에게 경배하지 않기 위해서 목숨을 버린 자들입니다.

여기서 짐승은 바다에서 올라온 짐승과 땅에서 올라온 짐승을 말합니다. 이들은 교회와 복음을 방해하기 위해서 사탄이 내세운 거짓 세력들입니다.

이 거짓 세력들이 온갖 미혹과 목숨을 담보로 배교를 강요했지만 그리스도와 천 년 동안 왕 노릇 할 영혼들은 차라리 목숨을 버릴지언정 그 짐승들과 우상에게는 경배하지 않은 순결한 신앙의 사람들입니다.

3. 그들의 이마와 손에 그의 표를 받지 아니한 자들입니다.

그리스도와 천 년 동안 왕 노릇 할 자들의 이마와 손에는 "그의 표"가 없습니다.

여기서 말하는 "그의 표"는 짐승의 표 666입니다(계 13:16~18). 이들의 이마에는 666의 표가 없고, 그들의 이마에는 어린 양의 이름과 그의 아버지의 이름이 새겨져 있는 자들입니다(계 14:1).

이들은 예수 그리스도의 자녀들로 끝까지 믿음을 지킨 자들이며 그 영혼들이 살아서 그리스도와 함께 천 년 동안 왕 노릇 할 자들입니다.

4. 그리스도와 천 년 동안 왕 노릇 합니다(6절).

여기서 "천 년 동안"이란 그리스도의 초림부터 재림까지의 기간을 의미합니다. 그러므로 천 년 동안 그리스도와 왕 노릇 한다는 말은 예수님을 영접하는 순간부터 천국에서 영원히 그리스도와 함께 그리스도의 통치에 동참하여 영광과 존귀를 함께 누린다는 의미입니다.

* 이 땅 위에 있는 성도들은 현재 왕 노릇하고 있음을 말씀하는 성경구절이 아주 많습니다.
* 롬 5:17 – 생명 안에서 왕 노릇하리라.
* 롬 5:21 – 의로 말미암아 왕 노릇하여.
* 고전 15:25 – 불가불 왕 노릇하시리니.
* 벧전 2:9 – 왕 같은 제사장이요.
* 계 1:10 – 저희가 땅에서 왕 노릇하리로다.

5. 천 년 동안 왕 노릇에 동참하지 못할 자들도 있습니다 (5절).

"그 나머지 죽은 자들은 그 천 년이 차기까지 살지 못하더라"(5)

여기서 "그 나머지 죽은 자들은" 그리스도를 믿지 않고 죽은 자들 곧 황제숭배와 우상숭배에 동참한 자들을 말합니다. "살지 못하였다"는 말은 그들이 육체에 있을 동안 그 영혼들이 영생을 얻지 못하였다는 말입니다.

이들은 천 년 동안 교회가 이 땅에서 복음을 증거하는 동안 생명을 얻지 못하였음으로 그들의 육체가 죽었을 때에 그들의 영혼도 음부(지옥)에서 고통을 당하며 영벌을 받게 됩니다. 이들은 둘째 사망에 던져진 자들입니다.

"둘째 사망"이란 영원한 죽음 지옥불 못에 던져짐을 말합니다. "이는 첫째 부활이라." 여기서 부활은 육체적 부활이 아니라 영적 의미로 천국에서 영생을 누리는 것을 의미합니다. 그리스도와 함께 영원히 사는 천국 삶이 첫째 부활입니다(계 14:13).

청중 적용

사랑하는 여러분!

1. 죽음을 끝이라고 여기는 사람이 많습니다.

오늘 우리는 죽음이 끝이 아님을 분명히 보았습니다.

죽음은 첫째 부활에 참여하거나 둘째 사망에 던져지는 과정입니다.

우리가 두려워해야 할 것은 5절에 "그 나머지 죽은 자들은 그 천년이 차기까지 살지 못하더라"는 말씀입니다. 이 땅에서 육체로 사는 동안 아무런 준비 없이 살다가 죽은 자들에 대한 이야기입니다. 이들은 둘째 사망에 던져질 자들입니다. 지옥에 영원히 던져져서 영원한 고통에 처할 자들입니다.

* 지금은 죽음을 준비해야 할 때입니다.

준비 없는 죽음은 돌이킬 수 없는 결과를 당하게 됩니다.

2. 천 년 동안 그리스도와 함께 왕 노릇합시다!

예수님은 오늘 이 천년왕국 잔치에 여러분을 초대하십니다.

그리스도와 함께 영원히 왕 노릇 하며 살 수 있는 영생복락의 삶을 누릴 수 있는 기회가 되시기를 바랍니다.

천 년 동안 왕 노릇 하는 것! 어렵지 않습니다!

1) 예수님을 구주로 영접하면 됩니다.

이 땅에서 사는 동안 예수님을 구주로 믿고 영접함으로 그리스도와 천 년 동안 왕 노릇하는 문을 열 수 있습니다.

그리스도와 천 년 동안 누리는 왕국잔치는 예수님을 영접하지 못한 자, 하나님의 자녀가 아니면 그 누구도 절대로 참여할 수 없습니다. 그러므로 지금 당장 예수님을 구주로 영접하시고 천 년 동안 왕 노릇하는 하나님의 자녀로 새 삶을 시작하십시오!

2) 세상적인 것들을 버리십시오!
세속에서 즐기던 온갖 종류의 죄악들을 끊어내고 새 출발을 해야 합니다. 특히, 우상숭배와 온갖 세상풍습들을 철저하게 버려야 합니다.
하나님의 자녀들은 하나님 자녀가 살아야 하는 방식대로 살아야 합니다. 그것이 말씀입니다. 말씀이 버리라고 하는 것들을 버려야 합니다.

3) 예수님과 함께하는 하루하루가 천 년 동안 왕 노릇하는 삶입니다.
예수님이 주시는 기쁨과 은혜로 하루하루를 채워가면서 영생의 그날을 바라보는 삶이 그리스도와 함께 누리는 천년왕국의 삶입니다.

청중 결단

믿음을 지키고 순교적 삶을 유지하십시오!

CHAPTER 59

사탄의 최후
계 20:7~10

> **그 옥에서 놓여**
>
> 요한이 본 장면이 바뀌었습니다. 2절에서 용을 잡아서 천 년 동안 결박하여 무저갱에 던져서 잠갔는데 7절에 "천 년이 차매 사탄이 그 옥에서 놓여" 나오는 것을 보았습니다.
> 옥에서 나온 사탄은 땅의 사방에서 백성 곧 곡과 마곡을 미혹하고 모아 싸움을 시작하였습니다. 싸움을 위해서 사탄이 모은 수가 "바다의 모래와 같으니라"고 했습니다.

설교를 이끄는 관점

설마 했는데 정말로 사탄을 옥에서 놓아주다니 믿을 수 없는 일입니다.

보십시오! 사탄은 나오자마자 백성들을 미혹하고 자기의 수를 모아서 싸움부터 시작하지 않습니까?

왜, 누가, 사탄을 옥에서 풀어준 것입니까!

사탄이 천 년 동안 결박된 채 이를 갈며 준비했을 것인데 과연 이 싸움의 결과는 어찌 되었을까요?

사탄이 옥에서 놓였다는 것만으로도 우리는 충분히 두려워할 수밖에 없습니다.

하나님의 목적으로 해결

사탄이 옥에서 놓였다는 것은,
종말 직전, 예수님의 재림 직전에 사탄 활동의 제한이 풀려서 본격적인 활동과 격렬한 활동이 시작된다는 의미입니다.

1. 사탄은 땅의 사방 백성 곧 곡과 마곡을 미혹해서 싸움을 벌입니다(8절).

땅의 사방에서 백성들을 모은 것은 "곡과 마곡"이라 했는데 이는 하나님을 섬기지 않는 불신 세력을 총칭하는 말입니다. 이들은 교회와 성도들을 대적하는 악한 세력들입니다. 이들이 곡과 마곡 즉, 하나의 권세로 묶여서 하나님의 일들을 대적할 것입니다.

말세의 특징 중 하나가 불신 세력들이 하나가 되어서 교회를 대적하고 공격하는 일입니다. 곡과 마곡의 수가 바다의 모래와 같았다고 하니 이들이 교회를 무너뜨리기 위해서 얼마나 큰 연합을 했는지 짐작할 수 있습니다.

2. 사탄은 지면에 널리 펴져 성도들의 진과 사랑하시는 성을 공격합니다(9절).

여기서 말하는 "성도들의 진"은 교회를 의미하고 "사랑하시는 성"도 문자적인 예루살렘이 아니라 교회를 의미합니다. 악한 세력들이 연합한 목적이 교회를 공격함이라는 것이 사실대로 드러났습니다.

* 계 16:12~16 아마겟돈과 19:19 최후의 전쟁이 이미 나왔는데 여기서 또 한 번 세상의 모든 세력들이 연합하여 하나님의 교회를 기필코 무너뜨리겠다는 속셈을 드러냈습니다.

예수님의 재림 직전 세상의 종교들과 철학들과 사상들뿐만 아니라 언론이나 인터넷 매체들과 모든 것들이 다 하나로 뭉쳐서 하나님의 교회를 공격하고 성도들의 삶을 어렵게 만들 것입니다.

3. 이러한 사탄의 공격은 결국 하늘에서 불이 내려와 그들의 모든 것들이 소멸 당했습니다(9절).

하나님의 교회와 성도들을 진멸하려는 사탄의 세력들을 더 이상 방관하지 않으시고 심판의 불을 내리신 것입니다.

사탄의 모든 연합은 하나님의 개입으로 말미암아 갑자기 멸망을 당했습니다. 사탄의 역사는 인간의 어떤 방법으로도 제어할 수 없습니다. 오직 하나님의 심판만이 사탄의 모든 것을 제어할 수 있습니다.

4. 사탄의 최후는 불과 유황 못에 영원히 던져졌습니다(10절).

불과 유황 못은 지옥입니다. 영원한 저주와 고통 그리고 밤낮 괴로움이 계속되는 곳입니다.

사탄의 최후와 함께 그의 수하들이었던 그 짐승과 거짓 선지자들도 세세토록 밤낮 괴로움을 받는 지옥에 함께 던져졌습니다. 이로써 하나님의 교회를 핍박하고 괴롭히던 모든 악의 세력들이 완전히 멸망을 당했습니다.

청중 적용

사랑하는 여러분!

1. 세상의 모든 것은 끝이 있습니다.

아무리 악한 것이라도 그 마지막이 있다는 사실을 명심해야 합니다.

세상을 어지럽히고 교회를 핍박하던 악의 무리들이 어떤 최후를 맞았는지 우리는 똑똑히 보았습니다. 그러므로 악의 세력들을 멀리하고 사탄의 세력들과 싸워야 합니다.

지금 당장은 악의 무리들이 득세하는 것처럼 보일지라도 속아서는 안 됩니다. 사탄의 결말은 지옥에 던져지는 멸망입니다. 사탄이 떨어진 불과 유황 못은 영원한 고통과 형벌의 장소, 지옥입니다.

우리는 절대로 사탄에게 속아서 사탄과 함께 지옥에 떨어져서는 안 됩니다.

2. 사탄의 미혹을 조심하십시오!

사탄은 미혹하는 자입니다.
여기서 미혹이란 거짓으로 속인다, 사기 친다는 말입니다.

1) 예수 안 믿어도 지옥가지 않는다고 미혹하는 거짓말을 합니다.
꼭 예수만 믿을 필요가 없다고 합니다.
아무거나 잘 믿으면 잘 되고 좋은 곳으로 간다고 합니다.

2) 심지어 사탄은 천국과 지옥이 없다고 합니다.
천국과 지옥은 마음이 연약한 자들이 만들어 낸 거짓말이라고 힙니다. 이런 거짓말을 늘어놓던 사탄의 최후가 지옥에 던져졌습니다.

3) 이 땅에서 잘 먹고 잘 살면 그만이라고 합니다. 죽으면 그만이다, 살아있을 때 마음껏 먹고 즐기면 그것이 천국이라고 합니다.

4) 이 모든 것은 사탄의 미혹, 거짓말입니다.
속아서 사탄과 함께 먹고 즐기다가는 영원한 지옥의 심판을 피할 길이 없습니다.

청중 결단

예수님의 이름으로 이런 사탄의 권세를 물리치고 천국에서 영원히 누릴 영생을 소망하십시오!
 사탄의 목소리는 처음에는 달콤하지만 결과는 쓴 독약보다 더 악한 지경에 빠뜨리게 합니다.
 분별의 영으로 사탄의 미혹을 물리칩시다!

CHAPTER 60

마지막 심판
계 20:11~15

> **크고 흰 보좌**
>
> 사탄의 멸망과 함께 요한은 또 다른 장면을 보았습니다. 11절에 "또 내가 크고 흰 보좌와 그 위에 앉으신 이를 보니." 요한은 이전에 계 4장에서 하늘 보좌에 앉으신 이를 본 적이 있습니다(4:2).

설교를 이끄는 관점

계 4:2절과 계 20:11절은 같은 보좌를 본 것입니다. 그런데 이 두 곳의 보좌가 다르게 표현되고 있습니다.

계 4:2절에서는 보좌의 모습보다는 보좌에 앉으신 이에 대한 묘사가 더 많았습니다(계 4:3~4). 계 20:11절에서는 보좌에 앉으신 이, 성부 하나님에 대한 묘사보다는 성부께서 앉으신 보좌에 대한 묘사를 더 강하게 하고 있습니다.

"내가 크고 흰 보좌와."

요한이 본 크고 흰 보좌는 어떤 보좌입니까?

성부께서 앉으신 보좌를 크고 흰 보좌라고 구체적으로 설명하는 이유는 무엇일까요?

여러분은 성부 하나님의 크고 흰 보좌에 대하여 들어본 적이 있습니까?

하나님의 목적으로 해결

성부 하나님의 보좌를 크고 흰 보좌라고 설명한 것은 성부 하나님의 보좌는 죄가 전혀 개입되지 않은 순결의 장소임을 의미합니다. 이는 마지막 심판 장소입니다.

"크다"는 것은 하나님의 위대함을 나타낸 것이고, "희다"는 것은 하나님의 거룩하신 의를 나타낸 것입니다.

"땅과 하늘이 그 앞에서 피하여 간 데 없더라." 이는 성부 하나님 앞에서 옛 질서가 사라지고 새로운 질서가 시작되었음을 의미합니다.

1. 크고 흰 보좌는 심판의 장소입니다(12절).

죽은 자들이 큰 자나 작은 자나 그 보좌 앞에 서야 합니다(요 5:28~29, 마 25:31~33, 히 9:27).

예수를 믿는 자나 믿지 않는 자나 모두가 마지막 심판을 받아야 합니다.

1) 각자의 행위대로 심판을 받습니다.
보좌 앞에 "책들"이 펴져 있는데 이것은 각자의 행위를 기록한 책입니다. 하나님께서는 각 사람의 모든 행위를 하나도 빠짐없이 기록하셨습니다. 심판의 근거를 마련해 주셨습니다.

2) 생명책에 그 이름이 기록된 자들은 심판을 받지 않습니다.
"또 다른 책이 펴졌으니 곧 생명책이라." 그 이름이 생명책에 기록된 자들은 심판을 받되 그리스도의 공로로 형벌 심판이 면제됩니다.

3) 불신자는 행위대로 심판을 받고, 그 이름이 생명책에 기록된 자들은 행위대로 "상"을 받습니다.

4) 크고 흰 보좌의 심판을 피할 자는 아무도 없습니다(13절).
언제, 어디서, 어떤 방식으로 죽임을 당했다 해도 문제 될 것이 없습니다. 하나님은 각 사람의 모든 것을 알고(기록하고) 계십니다.

2. 사망과 음부의 세력도 심판의 대상입니다(14절).

사망과 음부는 사탄의 본거지입니다. 둘째 사망이란 불 못, 지옥에 던져지는 것을 말합니다(계 2:11, 20:6). 이는 영원한 형벌 장소로서 영원한 지옥이라고 할 수 있습니다.

사망과 음부를 불 못에 던졌다는 말은 사망과 음부의 권세를 완전히 멸하셨다는 의미입니다(고전 15:26).

3. 누구든지 생명책에 기록되지 못한 자들은 불 못에 던져집니다(15절).

여기서 "생명책"은 하나님 자녀들의 이름이 기록된 책입니다. 우리가 예수님을 영접하는 순간 내 이름이 하나님의 생명책에 기록됩니다. 그 생명책에 이름이 기록된 자는 예수님의 공로를 힘입어 천국에 들어가게 됩니다.

"둘째 사망"의 해를 받지 않습니다.
첫째 사망은 육신이 죽은 것인데 영과 육의 분리를 말합니다. 둘째 사망은 불 못에 던져지는 것으로 영원한 죽음, 영원한 형벌을 말합니다.

* 예수님을 믿는 자는 두 번 나고 한 번 죽습니다.
  첫째 사망만 있고 둘째 사망은 없습니다.
  하지만 불신자는 한 번 나고 두 번 죽습니다.
  첫째 사망에 이르고 둘째 사망에 영원히 던져집니다.

청중 적용

사랑하는 여러분!
1. 각 사람의 행위대로 심판을 받아야 할 때가 있습니다.
히 9:27절에 모든 사람은 한 번 죽는 것이 정해진 법이고 죽음

이후의 심판도 피할 수 없다고 했습니다. 지금 이 시간에도 심판의 때를 알지 못하고 죄악을 떠나지 못하는 자들이 주변에 너무도 많습니다.

   1) 각 사람의 행위대로 낱낱이 기록됩니다.
   2) 하나님의 심판대를 피할 자는 아무도 없습니다.
   3) 만일 하나님의 심판대에서 둘째 사망이 선포된다면 어찌 하시겠습니까!

  * 둘째 사망이란, 영원한 지옥에 던져지는 영원한 죽음, 영원한 형벌입니다.

  2. 지금은 하나님 앞에 서야 할 시간을 준비할 때입니다.
아직도 이 땅에 살아있는 시간을 주신 것은 심판의 시간을 준비할 기회를 주신 것입니다.

"보라 지금은 구원의 날입니다!"
그날에는 사탄이 꼼짝 못하고 유황불 못에 던져집니다. 하물며 인간 따위가 어찌 피할 수 있단 말입니까!

  1) 내 이름이 어디에 기록되었는지 살펴보십시오!
어린 양의 생명책에 그 이름이 기록되지 않은 자는 누구든지 불 못에 던지우리라고 했습니다.

  * 어린 양의 생명책에는 예수님을 믿고 영접한 자의 이름이 기

록됩니다.

* 지금 내 안에 예수님을 영접하셨습니까!
  예수님을 구주로 믿고 구원에 대한 확신이 있습니까!

2) 믿음으로 상 받을 준비를 하십시오!
믿는 자는 크고 흰 보좌에서 믿고 행한 모든 일에 상급을 받습니다. 그날 하나님께로부터 받을 상급이 없다면 얼마나 부끄럽고 불쌍한 자입니까!
지금부터 상 받을 준비를 합시다!

3) 하나님은 크고 흰 보좌에서 나를 기다리고 계십니다.
자녀 된 나에게 주실 상급을 예비하시고 기다리고 계십니다.

청중 결단

울며 씨를 뿌리는 자는 기쁨의 단을 거두리로다!
눈물과 땀의 헌신과 섬김은 반드시 상급을 받습니다!
상 받을 그날을 위하여!

CHAPTER 61

새 하늘과 새 땅
계 21:1~8

> **새 하늘 새 땅**
> 1절 "또 내가 새 하늘과 새 땅을 보니 처음 하늘과 처음 땅이 없어졌고 바다도 다시 있지 않더라."
> 요한은 지금까지 바라본 세계와 다른 새 하늘과 새 땅을 보았습니다. 그리고 처음 하늘과 처음 땅이 없어지고 바다도 다시 보이지 않는 새로운 경험을 합니다.

설교를 이끄는 관점

여기서 말하는 "새 하늘과 새 땅"은 어디입니까?

요한은 지금까지 우리가 본 적이 없는 새로운 세계를 보고 기록했습니다. 그런데 지금까지 요한이 본 새로운 세계 말고 또 다른 새 하늘과 새 땅이 있다니 요한이 본 새 하늘과 새 땅은 어디입니까?

새 하늘과 새 땅을 본 요한은 "처음 하늘과 처음 땅 그리고 바다도 없어졌다"고 했습니다.

처음 하늘과 처음 땅은 지금 우리가 살고 있는 곳입니다. 창세 이래 지금까지 존재했던 지금의 하늘과 땅이 사라졌다니 믿을 수 없는 일입니다.

그렇다면 처음 하늘과 땅에 살던 사람들과 모든 것들은 어디로 갔단 말입니까?

요한이 본 것이 사실이라면 지금 우리가 살고 있는 이곳이 언젠가는 없어진다는 것입니다.

여러분은 이 사실을 믿고 받아들일 수 있습니까?
도대체 요한이 본 새 하늘과 새 땅은 어디입니까?

하나님의 목적으로 해결

요한이 본 새 하늘과 새 땅은 완성된 하나님의 나라, 새 예루살렘입니다. 이곳을 새 하늘과 새 땅이라고 한 것은 옛 세상의 질서가 필요 없는 새로운 질서가 다스리는 곳이기 때문입니다.

새 하늘과 새 땅을 다스리는 새로운 질서는 바로 3절입니다.

"하나님의 장막이 사람들과 함께 있으매 하나님이 그들과 함께 계시리니 그들은 하나님의 백성이 되고 하나님은 친히 그들과 함께 계셔서"(3)

하나님께서 영원히 우리와 함께 임마누엘이 되셔서 하나님께서 친히 다스리시는 세계가 새 하늘과 새 땅, 완성된 하나님의 나라, 우리가 영생을 누릴 천국입니다.

1. 새 하늘과 새 땅은 새로운 생활이 시작되는 곳입니다(1절).

이전에 알지 못하고 경험하지 못했던 새로운 관계, 새로운 통치, 새로운 생활이 시작되고 지속되는 곳입니다. 처음 하늘과 처음 땅이 사라졌기에 옛 생활과 옛 것들은 전혀 필요 없는 곳입니다.

처음 하늘과 처음 땅이 사라진 것은 새 하늘과 새 땅이 도래했기에 더 이상 유지의 필요성이 없기 때문입니다. 쓸모가 없기 때문에 버리신 것입니다.

2. 새 하늘과 새 땅은 하나님께서 친히 준비하신 곳입니다 (2절).

새 하늘과 새 땅, 새 예루살렘이 하나님께로부터 하늘에서 내려왔습니다. 이는 하나님께서 친히 준비하신 세계입니다.

"그 준비한 것이 신부가 남편을 위하여 단장한 것 같더라"(2)

새 하늘과 새 땅은 신부가 신랑을 맞이하기 위해서 고운 옷과 화장을 정성스럽게 준비하듯 하나님께서 자기 백성들을 위하여 세심하게 준비하신 특별한 장소입니다.

3. 새 하늘과 새 땅은 모든 것이 해결된 장소입니다(4절).

그곳에서 하나님은 자기 백성들이 처음 하늘과 처음 땅에서 겪었던 모든 아픔과 상처들을 씻어주십니다. 그리고 다시는 눈물 흘리는 일이 없도록 모든 눈물을 그 눈에서 닦아주십니다.

* 새 하늘과 새 땅에는 사망이 없습니다.
  사망이 없으니 애통하거나 곡할 일도 없습니다.

* 새 하늘과 새 땅은 목마름이 없는 곳입니다(5절).
  목마름이란, 인간의 모든 필요와 궁핍을 말합니다.

새 하늘과 새 땅에서는 알파와 오메가 되시는 예수님께서 모든 문제의 원인과 근본적인 해결을 해주셔서 어떤 목마름도 없으며 오히려 생명수 샘물을 값없이 주시는 축복의 장소입니다.

4. 새 하늘과 새 땅은 보상의 장소입니다(7절).

믿음으로 하나님의 명령과 악한 자들의 궤계를 이긴 자들에게 상속을 주시는 곳입니다. 여기서 상속이란, 약속된 복, 말씀 안에 약속되고 준비된 복을 의미합니다.

"나는 그의 하나님이 되고 그는 내 아들이 되리라"(7)

온전한 의미에서 진정한 아들로서의 모든 것을 누리게 하십니다.

5. 새 하늘과 새 땅에 들어가지 못할 자들이 있습니다(8절).

새 하늘과 새 땅에 들어가지 못한 자들이 갈 곳은 한 곳입니다.

"불과 유황으로 타는 못에 던져지리니 이것이 둘째 사망이라"(8)

바로 지옥입니다.

두려워하는 자들은 고난과 핍박이 두려워서 배교한 자들입니다.

믿지 아니한 자들은 불신앙 자들입니다.

이들은 하나님을 믿지 아니함으로 흉악한 일과 살인과 음행을 저지르고 점술가를 찾으며 우상을 숭배함으로 하나님을 대적하고 온갖 거짓말과 거짓 행위를 일삼으며 사탄의 종노릇하며 살았기에 사탄과 함께 지옥불에 던져짐이 마땅합니다.

청중 적용

사랑하는 여러분!

1. 이 땅은 영원한 도성이 아닙니다.

우리가 살고 있는 이곳은 처음 하늘과 처음 땅입니다.

이 처음 하늘과 땅이 사라지는 것은 인간의 범죄로 인하여 타락했기 때문입니다.

8절은 처음 하늘과 처음 땅에 사는 자들의 삶의 현장을 고발하고 있습니다.

만일 이 말씀에 해당하는 자가 있다면 큰일입니다.

지금 자신을 돌아보시기를 바랍니다.

1) 두려워하는 자들

2) 믿지 아니하는 자들

3) 흉악한 자들

4) 살인하는 자들

5) 음행하는 자들

6) 점술가들과 우상숭배자들

7) 거짓말하는 모든 자들

이런 자들은 불과 유황으로 타는 못에 던져지리니 이것이 둘째 사망이라고 했습니다.

2. 이기는 자만이 새 하늘과 새 땅에서 하나님의 아들이 됩니다!

이기는 자는 어떤 자입니까?

1) 오직 믿음으로 사는 자입니다.

예수님 믿고 구원의 확신을 가지고 말씀 위에 서서 세상을 이기는 자들입니다. 믿음으로 세상을 이긴 자들입니다. 믿음을 지키기 위해서 목숨을 버린 자들입니다.

2) 새 하늘과 새 땅을 소망하는 자입니다.

없어질 이 땅의 것들에 집착하거나 매여 살지 않고 그날에 새 하늘과 새 땅에서 받을 상속, 상급을 바라보며 새 하늘과 새 땅에 상급을 심는 자입니다.

3) 교회 중심의 삶을 사는 자입니다.

하늘에서 내려온 새 예루살렘은 교회를 의미합니다. 지상교회에서 충성된 자가 천상 교회, 새 하늘과 새 땅에서도 높임 받을 자입니다.

청중 결단

죽도록 충성합시다!
 세상 것들을 이기며 주신 사명에 충성하여 새 하늘 새 땅에서 상급 받는 성도가 됩시다!

CHAPTER 62

알파와 오메가
계 21:6

> **처음 그리고 나중 (알파와 오메가)**
> 성경 속에서 예수님은 자신을 여러 모습으로 나타내셨습니다. 주로 주님은 자신을 표현하실 때, "나는 ~~이다"라고 직접적인 표현, 일인칭을 쓰셨습니다. 이는 일인칭이면서 직설법입니다.

설교를 이끄는 관점

계시록을 마무리하시면서 예수님께서 또 한 번 자신을 표현하셨습니다.

예수님은 자기 자신을 "나는 처음과 나중"이라고 표현하셨습니다. 당신을 이렇게 표현한 것은 인간 편에서 알아듣기 쉽도록 헬라어의 알파벳 첫 글자 알파(A)와 마지막 글자 오메가(Ω)를 쓰신 것입니다.

그렇다면 주님이 여기서 자신을 처음 그리고 나중이라는 극적인 대조법을 사용해서 표현하신 이유가 무엇일까요?

예수님이 말씀하시려는 "알파와 오메가"의 본질, 주님의 순수한 의도는 무엇일까요?

우리를 향하여 무슨 말씀을 하고 싶으신 것일까요?

하나님의 목적으로 해결

여기서 주님이 자신을 알파와 오메가라고 하신 것은 주님은 모든 것을 시작하셨고 모든 것을 마무리하시는 창조주이시면서 심판주가 되신다는 선언입니다.

여기서 "알파"는 창조주요 시작의 하나님을, "오메가"는 심판주요 모든 것의 끝, 마무리를 하시는 하나님이심을 밝히셨습니다.

구체적으로 살펴보면,

1. 주님은 스스로 모든 것의 시작이 되셨습니다.

주님은 모든 것이 창조되기 전 스스로 모든 것을 창조하실 하나님으로서(창조주) 시작하셨고, 그 증거로 무에서 창조세계를 어떻게 만드셨는지를 보여주셨습니다(창 1장). 무에서 유를 창조하심으로 스스로 시작이 되심을 증명해 주셨습니다.

* 아무도 하나님 창조 당시 그 세계와 그 질서를 본 자가 없기에 스스로 창조의 모든 과정을 말씀하셨고 기록하게 하셔서 증거하게 하셨습니다.

2. 주님은 자기 백성을 죄에서 구원하시는 일에 시작이 되셨습니다.

예수님은 구원의 시작과 마무리가 되셨습니다.

처음 시작에서 이탈한 백성들(죄인들)을 위하여 구속(구원)의 시작을 이루셨습니다(창 3:15). 그리고 십자가의 죽으심과 부활로 구원을 완성하셨습니다. 이후 예수님 외에는 구원을 위한 시작과 마무리(완성)를 이룬 자는 아무도 없습니다.

오직 예수님만이 구속의 시작(A)과 마무리(Ω)가 되셨습니다.

예수님이 아니면 그 누구도 구원에 이를 수 없습니다. 예수님만이 구원의 유일한 길이시며 생명(구원)을 주시는 자이십니다.

3. 주님은 심판주로서 시작과 마무리가 되셨습니다.

주님이 심판주가 되심은 주님으로부터 모든 창조질서가 시작되었고 주님으로부터 구원이 진행되고 마무리 된 것을 말합니다. 그 결과 예수님 외에는 심판할 자격을 갖춘 자가 없습니다. 심판자로서 당신이 이루신 구원을 기준으로(예수 믿으면 구원) 선과 악에 대한 심판을 시작하시고 완성하십니다.

* 심판 주가 되시는 예수님은 선과 악에 대한 기준이 흔들리지 않습니다.

주님이 심판하시는 선과 악에 대한 기준은 무엇일까요?

성경대로 심판하시는 것이 곧 종말입니다. 개인적인 기준이 아니라 성경을 기준으로, 성경대로 종말을 시작하시고 성경대로 종말을 마무리하십니다.

청중 적용

사랑하는 여러분!
1. 세상 사람들은 혼란을 겪고 있습니다.
바로 정체성에 대한 혼란입니다.
사람이 성장기를 지나서 청년기와 중년기와 노년기를 지날 때 사람들 속에 급격히 다가오는 것은 "자기 정체성에 대한 질문"입니다.

성장기를 지나고 지나 노년기에 가면 갈수록, 인간의 마무리 시간이 다가올수록 사람들은 자신의 시작과 마무리에 대해서 혼란을 겪습니다. 이것을 "정체성 혼란"이라고 합니다.
이것을 겪는 사람들은 인생이 무엇인가, 삶이 무엇인가, 죽음이 무엇인가에 대한 자기 물음을 합니다. 그러나 인간이 아무리 힘쓰고 애써도 자기 정체성에 대한 답을 스스로는 얻을 수 없습니다.

예를 들어 어떤 사람의 자기 정체성은 꿈을 이루는 것이었습니다. 그런데 꿈을 이루고 나니까 "내가 왜 여기 서 있지?" 하고 허무함을 느낍니다. 어떤 사람은 자기 정체성을 "쾌락"에 둡니다. 얼마 후 돈과 주변 사람이 떠나고 병들었을 때, 쾌락을 얻지 못할 때 자기 정체성의 혼란을 겪습니다. 어떤 사람은 자식을 위해 살았습니다. 어느 날 자식이 결혼하고 부모를 외면할 때 "내가 왜 자식을 위해 살았는가? 내 인생은 어디에 있는가?" 하며 정체성이 흔들립니다.

이런 사람들이 자기 정체성의 답을 얻기 위해 쫓아가는 것이 "신"입니다. 점을 보기도, 우상에게 빌어보기도 하고 할 수 있는 방법을 동원해 보지만 더 심한 혼란을 겪습니다.

2. 지금 우리는 나의 정체성을 찾아야 할 때입니다.

인간의 모든 문제의 답은 "예수님"께 있습니다.

예수님이 모든 것을 시작하셨고 주님이 모든 것을 마무리하실 것이기 때문입니다. 예수님의 시작 속에 내가 있고 내 정체성과 내 미래 모든 것이 있습니다.

예수님 안에 내 인생의 시작과 답이 있습니다. 주님을 만나면 내가 어디서 와서 어디로 가는지 답을 찾을 수 있습니다.

1) 내 모든 정체는 예수님을 찾아야 알 수 있습니다.

예수님이 길이요, 진리요 생명입니다. 그러니 예수님을 찾으십시오. 붙드십시오. 예수님께 가십시오. 그러면 당신의 모든 고민에 대한 답을 얻을 수 있습니다.

2) 예수님은 내 문제에 대한 답뿐만 아니라 내 주변에 대한 답도 가지고 계십니다.

"주 예수를 믿으라 그러면 너와 네 집이 구원을 받으리라."

주님은 나와 내 집의 모든 문제도 해결해주시기를 원하십니다. 그래서 주님께 나아올 때는,

(1) 예수 안에서 내 문제도 해결되고

(2) 나를 통해 내 주변도 해결됨을 믿어야 합니다.

3) 주님은 당신을 기다고 계십니다.

우리에게 답을 주시려고 기다리고 계십니다.
지금도 우리를 초청하고 계십니다.

청중 결단

우리는 문제를 통하여 주님에게 나아가야 합니다.
앞이 캄캄할 때 예수님을 찾아야 합니다.
예수님은 내 모든 것의 시작과 마무리를 하십니다.

CHAPTER 63

성 안에서
보지 못하였으니

계 21:9~27

> **성 전**
>
> 일곱 대접을 가지고 마지막 일곱 재앙을 담은 일곱 천사 중 한 명이 요한에게 특별한 광경을 보여주었습니다. 그 천사가 요한에게 보여준 특별한 광경은 10절입니다.
> "성령으로 나를 데리고 크고 높은 산으로 올라가 하나님께로부터 하늘에서 내려오는 거룩한 성 예루살렘을 보이니."
> 하나님께로부터 내려오는 거룩한 성 예루살렘을 보여주셨습니다.

설교를 이끄는 관점

그런데 22절을 보면 "내가 성전을 보지 못하였으니"라고 했습니다. 하나님께로부터 내려온 거룩한 성 새 예루살렘 안에 성전이 없다니 이상하지 않습니까?

성전이 무엇입니까? 하나님과의 교제 장소입니다. 이스라엘 하나님은 성전에 계신다고 하신 말씀을 우린 기억합니다(합 2:20).

그렇다면 새 예루살렘 성 안에는 성전이 없으니,
새 예루살렘 성은 하나님과의 관계가 끊어진 장소입니다.
더 이상 하나님과의 만남이 이루어질 수 없는 장소입니다.

정말 이것이 사실일까요?
우리는 이 사실을 어떻게 받아들여야 할까요?

하나님의 목적으로 해결

아닙니다!
새 예루살렘 성 안에 성전이 없는 것은 22절 "이는 주 하나님 곧 전능하신 이와 및 어린 양이 그 성전이심이라" 하셨습니다.

하나님 자신이 성전이 되셔서 천국 백성들과 직접적인 만남을 통해서 교제하심으로 더 이상 성전을 통한 간접적인 방법으로 하나님을 만나야 할 필요가 없기 때문입니다.

* 한마디로 새 예루살렘 성은 하나님과 함께하는 성전의 삶을 누리는 곳입니다.

1. 새 예루살렘 성은 하나님의 영광으로 충만한 곳입니다(11절).

여기서 하나님의 영광은 하나님 자신의 임재 영광입니다. 하나님의 임재로 인하여 온 성이 빛이 충만한 장소가 되는 것입니다.

이 땅의 성전은 이런 하나님의 영광이 간접적으로 드러난 장소였지만, 새 예루살렘 성은 온통 이 영광의 빛으로 조금의 어둠도 남아있을 수 없는 곳입니다.

"그 성은 해나 달의 비침이 쓸 데 없으니 이는 하나님의 영광이 비치고 어린 양이 그 등불이 되심이라"(23)

하나님과 어린 양 예수님의 영광이 영원히 어둠을 몰아낸 곳이 새 예루살렘 성입니다.

2. 새 예루살렘 성은 신·구약 교회의 완성입니다(12~17절).

새 예루살렘 성의 크기를 묘사하는 숫자들이 나타납니다.
열두 문과 열두 천사와 열두 지파의 이름들입니다. 바로 12라는 숫자입니다.
12,000스다디온도 그렇고 144규빗도 12×12입니다. 이는 실제 성의 크기를 말하기보다는 상징적인 의미를 전달하려는 목적이 있습니다.

하나님 백성의 숫자가 12이며, 구약의 열두 지파, 신약의 열두 지파는 신·구약 교회의 성도 전체를 의미합니다. 결국 새 예루살렘 성은 완성된 신·구약 교회입니다.

하나님은 창세 이래 구원 받은 신·구약 교회의 모든 성도들을 위하여 새 예루살렘 성을 예비하셨고 때가 되매 그들을 새 예루살렘 성에 모으셔서 완성된 교회를 이루게 하셨습니다. 이 땅의 성전은 불완전한 성전이지만 새 예루살렘은 완성된 성전, 완전한 교회입니다.

3. 새 예루살렘 성은 최고의 장소로 하나님께서 친히 예비하신 곳입니다(18~21절).

"그 성곽은 벽옥으로 쌓였고 그 성은 정금인데 맑은 유리 같더라"(18)

성을 구성하는 재료들이 보석들이고 정금입니다. 이 모든 재료들은 상상도 하지 못할 비싼 보석들입니다. 성의 재료들이 상상할 수 없는 최고의 재료들로 구성되었다는 것은 그 성 안에 살아야 할 자들이 그 보석들보다 더 귀한 자들이기 때문입니다.

하나님께서는 새 예루살렘 성 안에서 살아야 할 자들을 그 어느 보석과도 비교할 수 없는 최고의 존재로 여기십니다.

"하나님께로부터 하늘에서 내려오는 거룩한 성 예루살렘을 보이니"(10)

이런 엄청난 규모의 새 예루살렘 성을 하나님께서 친히 자기 백성을 위해서 준비하셨습니다. 2절에 "신부가 남편을 위하여 단장한 것" 같이 한 사람 한 사람을 위하여 최고의 선물을 준비하셨습니다.

4. 새 예루살렘 성 안에는 7가지가 없습니다.

1) 바다가 없습니다.

"바다도 다시 있지 않더라"(21:1)

여기서 바다는 옛 세상의 무질서와 폭력(13:1), 사탄의 권세 아래 있는 어둠을 상징합니다.

2) 사망으로 인한 고통이 없습니다.

"모든 눈물을 그 눈에서 닦아주시니 다시는 사망이 없고 애통하는 것이나 곡하는 것이나 아픈 것이 다시 있지 아니하니라"(21:4)

3) 물리적인 성전이 없습니다.

"성 안에서 내가 성전을 보지 못하였으니"(21:22)

4) 자연 세계의 빛은 더 이상 쓸모없습니다.

"해나 달의 비침이 쓸 데 없으니"(21:23)

5) 어둠이 영원히 제거된 곳입니다.

"낮에 성문들을 도무지 닫지 아니하리니 거기는 밤이 없음이라"(21:25)

6) 죄악의 그림자가 전혀 없습니다.

"속된 것이나 가증한 일 또는 거짓말하는 자는 결코 그리로 들어가지 못하되"(21:27)

7) 저주가 없습니다.

"다시 저주가 없으며"(22:3)

구원이 완성된 곳으로 죄가 틈탈 수 없기에 다시 반복되는 형벌이 없습니다.

청중 적용

사랑하는 여러분!

1. 지금 여러분 안에 있는 새 예루살렘 성, 천국은 어떤 곳입니까?

신자들 중에도 천국에 대하여 막연한 생각을 가진 분들이 적지 않습니다.

'언젠가는 죽어서 가겠지….' 이는 그 나라에 대한 구체적인 비전을 가지지 못한 사람들입니다.

지금 내 안에 어떤 하나님의 나라가 있는지를 점검해 보십시오! 피할 수 없는 분명한 사실은 이 땅은 영원한 곳이 아니며 새로운 예루살렘 성이 우리를 위하여 예비되었다는 사실입니다.

하나님께로부터 내려오는 거룩한 예루살렘 성 안에서 주님과 함께 영원히 거할 수 있어야 합니다!

2. 새 예루살렘 성은 당신의 자녀들을 위하여 친히 예비하신 곳입니다.

하지만 새 예루살렘에 들어가지 못할 자들이 있습니다.

> "무엇이든지 속된 것이나 가증한 일 또는 거짓말하는 자는 결코 그리로 들어가지 못하되 오직 어린 양의 생명책에 기록된 자들만 들어가리라"(27)

어린 양의 생명책에 기록되지 못한 자들은 새 예루살렘 성에 들어가지 못하고 둘째 사망, 지옥에 던져집니다. 그러므로 반드시 어린 양의 생명책에 그 이름이 기록돼야 합니다.

1) 예수 그리스도를 구주로 믿는 자들은 어린 양의 생명책에 그 이름이 기록됩니다.
 * 요 14:6, 요 11:25~26
 * 요 1:12 → 하나님 자녀 된 권세가 바로 새 예루살렘 성에 들어갈 자격이며 그 이름이 생명책에 기록되어 있습니다.

2) 날마다 자기의 죄를 버리기 위해서 마치 더러워진 두루마기를 빠는 자처럼 죄를 씻어내는 회개의 삶을 사는 자입니다.

> "자기 두루마기를 빠는 자들은 복이 있으니 이는 그들이 생명나무에 나아가며 문들을 통하여 성에 들어갈 권세를 받으려 함이로다"(계 22:14)

하나님의 생명책에는 죄인의 이름은 없습니다.

죄를 씻어낸 자, 죄와 싸워서 이긴 자들이 기록됩니다.

3) 새 예루살렘 성은 복 받는 곳입니다.

"사람들이 만국의 영광과 존귀를 가지고 그리로 들어가겠고"(26)

이 땅에서 믿음으로 싸워 이긴 자들은 새 예루살렘에 영광과 존귀를 가지고 들어가서 하나님과 어린 양 예수님으로부터 칭찬과 상급을 받습니다.

청중 결단

천국 소망으로 세상을 이겨냅시다!

CHAPTER 64

그의 얼굴을 볼 터이요
계 22:1~5

하나님과 그 어린 양

천국은 어떤 곳일까? 천국에서는 무엇을 하면서 살까? 우리가 서로 말을 하지 않아도 이런 궁금증을 모두 가지고 있습니다. 오늘 우리는 하나님의 나라에 관한 구체적인 모습과 앞으로 우리가 어떻게 살 것인지를 알아보려고 합니다.
4절을 보면 "그의 얼굴을 볼 터이요 그의 이름도 그들의 이마에 있으리라" 하십니다.

설교를 이끄는 관점

여기서 "그의 얼굴"이란 누구의 얼굴인지 알고 있습니까?

맞습니다! 바로 성부 하나님의 얼굴입니다. 우리는 이미 계 4장에서 성부 하나님의 모습을 본적이 있습니다.

"그 보좌 위에 앉으신 이가 있는데"(4:2)
"앉으신 이의 모양이 벽옥과 홍보석 같고"(4:3)

보좌에 앉으신 이, 성부 하나님의 모습이 보석과 같이 표현되었을 뿐 그분의 얼굴이 나타나 있지 않았습니다.

"그 생물들이 보좌에 앉으사 세세토록 살아계시는 이에게"(4:9)

계속되는 보좌에 앉으신 이, 성부에 대한 얼굴은 없었습니다.

그런데 어떻게 그분의 얼굴을 볼 수 있단 말입니까?
계 4장도 하나님의 나라고 계 22장도 하나님의 나라를 본 것인데 두 곳이 전혀 다른 말씀을 하고 있다니 어느 것이 진실입니까?

지금까지 하나님의 얼굴을 본 자는 없었습니다.
구약은 하나님의 얼굴을 본 자는 즉사했습니다. 그래서 하나님은 여러 가지 간접적인 방법으로 인간을 만나주셨습니다.

신약에서 이 땅에 오신 예수님은 "나를 본 자는 아버지를 보았다"고 하셨지만 예수님의 얼굴이 성부 하나님의 얼굴은 아닙니다.
그렇다면 그의 얼굴을 볼 것이라는 이 말씀을 우리는 어떻게 받아야 합니까?

하나님의 목적으로 해결

요한이 본 마지막 환상이 계 22장입니다.
하나님은 앞으로 당신의 자녀들이 영원히 살게 될 하나님의 나라, 천국을 마지막으로 공개하셨습니다.

천국의 가장 큰 핵심은 무엇일까요?

이제부터 하나님과 직접적인 대면을 하면서 살게 된다는 사실입니다. "그의 얼굴을 볼 것이요." 여기서 본다는 것은 마주 대하며 본다는 말입니다. 하나님과 우리가 서로 얼굴을 대하면서 완전한 교제, 완전한 동거를 이룬다는 말입니다.

천국은 하나님과 완전한 교제를 누리는 장소입니다.

하나님은 당신의 자녀들이 천국에서 당신과 완전한 교제, 완전한 동거를 하도록 하나님의 나라를 친히 준비하셨습니다.

1. 천국은 영원한 생명수가 넘치는 곳입니다(1~2절).

여기서 말하는 생명수는 살리는 물입니다.

이미 겔 47장에서 예언한 대로 천국은 생명의 강이 흘러서 영생하는 장소입니다.

1) 이 생명의 강에 참여한 자는 이 땅에서 예수님이 주시는 생명수를 마신 자들입니다(요 7:37~38).
2) 이 생명의 강에 참여한 자는 성령의 임재와 충만함을 받은 자들입니다.
3) 이 생명의 강에 참여한 자는 그 이마에 어린 양의 이름이 새겨진 자들입니다.

2. 천국은 영원히 하나님만을 섬기는 축복의 장소입니다.

"하나님과 그 어린 양의 보좌가 그 가운데에 있으리니 그의 종들이 그를 섬기며"(3)

천국은 하나님과 어린 양 되신 성자가 성도들 가운데서 함께 거하시며 성도들의 섬김을 받는 장소입니다.

천국 백성들은 영원히 그들과 함께 거하시는 하나님을 보고 느끼며 섬기는 복된 장소입니다.

3. 천국은 다시는 저주와 밤이 없는 장소입니다(3, 5절).

저주와 밤은 어둠과 죄악의 세력을 의미합니다.

천국은 하나님의 영광 빛이 충만함으로 등불과 햇빛도 쓸데없는 곳입니다.

화날 일이나 속상할 일이나 우울할 일이 다시없는 기쁨과 즐거움이 계속되는 장소입니다.

아픈 것이나 병든 것이 없도록 완전한 치료의 능력이 공급되며, 생명나무의 실과가 달마다 열려서 생명의 기운만이 넘치는 장소입니다.

4. 천국은 세세토록 왕 노릇 하는 장소입니다(5절).

그리스도와 함께 영원히 만물을 다스리며(창 1:26) 영원히 완전한 왕적 권세로 영생을 누리는 장소입니다.

청중 적용

사랑하는 여러분!

1. 하나님 나라에 대한 막연한 생각을 버려야 합니다.

천국은 어딘가에 있는 장소가 아닙니다.

천국에 가서 어떻게든 살 거라는 생각도 버려야 합니다.

천국 신앙이 분명하지 못한 것은 구원의 감격과 확신이 부족하기 때문입니다.

천국에 대한 구체적인 신앙과 비전이 부족하기 때문입니다.

지금 내 안에는 어떤 하나님의 나라가 있습니까?

세상적인 모습을 버리지 못한 하나님의 나라를 꿈꾸고 있다면 오늘 당장 버려야 합니다.

2. 천국은 하나님과 마주 대하며 사는 곳입니다.

우리가 그토록 기다리던 성부 하나님과 성자 예수님을 날마다 마주 대하며 함께 누리는 장소입니다.

그날 그곳에서 하나님의 얼굴을 대하며 성자 예수님의 완전한 구원은총을 맛보려면 어떻게 해야 할까요?

1) 지금 이 땅에서 예수님이 주시는 생명수를 마셔야 합니다(요 7:37~38).

예수님을 마시는 것은 구원의 갈급함으로 예수님을 믿고 받아들이는 행위를 말합니다. 내 안에 예수님이신 생명의 강이 흘러넘치지 않으면 천국은 내 것이 아닙니다.

2) 그 나라에 갈 때까지 성령 충만한 삶을 살아야 합니다.

성령 충만은 예수님을 닮는 삶입니다.

예수님을 닮은 것만큼 성령 충만의 정도가 나타납니다.

성령의 지배 아래 사는 것은 천국 생활의 연습입니다.

3) 하나님은 내 얼굴을 보시려고 기다리십니다.

이 땅에서 복음을 위해 수고한 나를 기억하시고 얼굴을 보시고 천국의 모든 것을 주시려고 기다리십니다.

청중 결단

구체적인 천국 신앙을 가져야 이단을 이길 수 있습니다.

CHAPTER 65

이 두루마리
계 22:6~7

> **반드시 속히 되어질 일**
>
> 일곱 대접 재앙을 가진 천사 중 하나가 요한에게 또 다른 말을 전했습니다.
> "주 곧 선지자들의 영의 하나님이 그의 종들에게 반드시 속히 되어질 일을 보이시려고 그의 천사를 보내셨도다."
> 그 천사의 말은 반드시 속히 되어질 일을 보이시려고 하나님이 자신을 요한에게 보내셨다는 말입니다.

설교를 이끄는 관점

여기서 말하는 반드시 속히 되어질 일은 어떤 일입니까?
"반드시"란 말은 꼭, 변함없이 기필코 이루어진다는 의미이고, "속히"란 지체하지 않고 빠른 시간에 된다는 뜻입니다.

도대체 어떤 일이 기필코, 빠른 시간에 이루어진다고 알리러 온 것일까요?

하나님께서 천사를 요한에게 일부러 보내신 것을 보면 예삿일이 아닌 것은 분명합니다. 만일 반드시 속히 이루어질 일이 좋은 일이라면 문제 될 것이 없지만, 나쁜 결과를 가져올 일이라면 그 일을 제대로 파악해서 제대로 대비를 해야 합니다.

여러분은 반드시 속히 될 일이 무엇인지 알고 있습니까?

하나님의 목적으로 해결

하나님께서 요한에게 전달하신 "반드시 속히 될 일"은 7절에 있습니다.

"보라 내가 속히 오리니 이 두루마리의 예언의 말씀을 지키는 자는 복이 있으리라"(7)

예수님께서 반드시 속히 오신다는 약속입니다.
예수님의 재림에 대한 하나님의 직접 메시지입니다.
그러므로 주님의 교회와 성도들은 주님의 재림을 믿고 준비하는 자세를 가져야 합니다.

1. 예수님의 재림에 대한 약속은 신실하고 참된 약속입니다 (6절).

예수님의 재림을 전달하는 천사는 자신이 전하는 말을 가볍게 듣지 말라고 다짐을 합니다.
"이 말은" 예수님의 재림에 대한 예수님의 직접적인 선포를 말합니다.

"신실하고 참된지라"는 지금까지 천사를 통하여 계시된 모든 계시록의 말씀처럼 예수님의 재림에 대한 약속을 진리의 말씀으로 받아들이고 믿음을 가지라는 당부입니다.

하나님의 말씀은 신실하고 참된 약속입니다.
말씀=계시 본질에 대한 신앙을 요구하는 음성입니다.
계시에 대한 신앙이 없는 자는 예수님 재림에 대한 신앙을 가질 수 없기 때문입니다.

2. 예수님의 재림에 대한 약속은 선지자들과 그의 종들을 통하여 말씀하신 결과입니다.

아담의 타락 이후 예수님이 오시기까지 "주 곧 선지자들의 영의 하나님이" 선지자들을 통하여 전하신 메시지였습니다.
예수님의 십자가와 부활 이후 "그 종들에게" 부탁하셔서 전하신 내용입니다.

예수님의 부활과 재림은 교회와 전도자들을 통하여 세상에 전하신 복음입니다. 그러므로 예수님의 재림은 갑작스런 사건이 아니며 숨겨진 사건도 아닙니다. 예수님은 마지막으로 요한에게 말씀하심으로 선지자와 그 종들에게 약속하신 것을 지키시려는 것입니다.

3. 예수님의 재림은 이 두루마리의 언약의 말씀을 지키는 자에게 복 받는 일입니다(7절).

예수님의 재림은 교회와 성도들에게 복된 시간입니다.

예수님은 교회와 성도들에게 복을 주시려고 다시 오십니다. 예수님의 재림이 복이 되는 이유는, 이 두루마리의 예언의 말씀을 지키기 위해서 고난을 마다하지 않았기 때문입니다.

이 두루마리의 예언의 말씀은 우리에게 주신 66권의 신구약 성경입니다.

예수님은 신구약 성경의 약속을 믿고 지킨 자들에게 상 주시려고 오십니다. 그러므로 우리는 예수님의 재림을 기다리면서 상 받을 준비를 해야 합니다.

1) 말씀대로 지키는 일에 힘써야 합니다.

2) 말씀 외에 더하면 두루마리에 기록된 재앙을 그에게 더하실 것입니다(18절). 여기서 "더한다"는 뜻은 임의대로, 자기 마음대로 말씀보다 앞세우는 것을 의미합니다.

3) 이 두루마리의 예언의 말씀에서 제하여 버리면 기록된 생명나무와 및 거룩한 성에 참여함을 제하여 버릴 것입니다.

여기서 "제한다"는 것은 자기 마음에 맞지 않는다고 말씀의 권위를 무시하고 지키지 않는 것을 의미합니다.

4) 오직 말씀대로 지키는 자는 성경에 약속된 모든 복을 현세와 내세에 누립니다.

청중 적용

사랑하는 여러분!

1. 예수님 재림에 대한 잘못된 신앙을 버려야 합니다.

예수님께서 "내가 속히 오리라"고 하셨는데 수천 년이 지나도 오시지 않으니 잘못된 약속이라고 여기는 사람들이 많습니다.

또한 "속히 오리라"는 약속을 이용하여 거짓 재림 예수 노릇을 하는 자들도 적지 않습니다(예: 안상홍, 이만희, 예수 재림교…).

우리가 명심해야 할 것은, 예수님의 시간표와 우리의 시간표가 다르다는 점입니다. 벧후 3:8~13절을 기억해야 합니다.

2. 예수님은 반드시 속히 오십니다.

예수님의 약속을 신실하고 참되게 받아들이는 자만이 복된 결과를 누리게 됩니다.

1) 지금은 예수님의 재림을 준비해야 되는 때입니다.
지금 우리가 살고 있는 이 시간은 준비시간입니다.
도적같이 오실 주님을 언제든지 맞을 준비가 되었는지 점검해 보시기를 바랍니다. 만일 준비가 되지 않았다면 오늘부터 시작하시면 됩니다.

2) 주님을 맞을 준비는 두 가지입니다.
하나는 구원의 확신입니다.

구원=영생=천국신앙을 바로 세워야 합니다.

예수님이 확실히 내 안에 계신지를 점검하고 구원의 예수님과 동행해야 합니다.

또 하나는 상 받을 준비입니다.

예수님은 상 주러 오십니다. 이 두루마리의 예언의 말씀을 지킨 자들에게 그 결과대로 상 주러 오십니다. 말씀을 지키는 자가 되어서 복 받는 자로 세워지도록 날마다 말씀대로 살면서 준비해야 합니다.

3) 예수님은 반드시 속히 오십니다.

예고하셨으니 약속하신 대로 오십니다. 반드시 속히 오실 주님 앞에 부끄러움 없이 서도록 깨어있어야 합니다.

청중 결단

말씀대로 살려고 힘씁시다!
읽고→ 듣고→ 실천하는 살아있는 신앙인이 됩시다!

CHAPTER 66

하나님께 경배하라
계 22:8~9

경배

요한은 하나님이 보내신 천사를 통해서 많은 것들을 보고 들었습니다. 요한이 보고 들은 것들 대부분은 이전에 그 어떤 사람도 보거나 듣지 못한 것들입니다.
이런 사실들을 경험한 요한은 이 일을 자신에게 보이던 천사의 발 앞에 경배하려고 엎드렸습니다(8절). 하지만 천사는 이런 요한의 행동을 저지하면서 "그리하지 말고 하나님께 경배하라"고 합니다.

설교를 이끄는 관점

왜 요한은 천사를 경배하려고 했을까요?
요한은 천사가 어떤 존재인지를 알지 못해서 이런 행동을 했을까요?
이런 요한의 행동은 처음이 아닙니다.

"내가 그 발 앞에 엎드려 경배하려 하니 그가 나에게 말하기를 나는 너와 및 예수의 증언을 받은 네 형제들과 같이 된 종이니 삼가 그리하지 말고 오직 하나님께 경배하라"(19:10)

같은 실수를 반복하는 요한의 모습이 너무 이상하지 않습니까? 지금까지 누구도 경험하지 못한 세계를 보면서 경배의 대상이 누구인지 분별하지 못하다니 요한다운 모습이 아닙니다.

왜 요한은 같은 실수를 반복하는 것이며, 계시록을 마무리하면서 이런 요한의 반복적인 실수를 공개하시는 이유는 무엇일까요?

하나님의 목적으로 해결

한마디로 요한이 천사를 그리스도로 착각한 것입니다. 천사의 존재가 마치 그리스도처럼 놀랍고 신기한 일들을 대신 행했기 때문입니다(계 10:1~3).
요한이 천사와 그리스도를 순간적으로 분별하지 못하는 착각, 실수를 범했습니다. 예수님은 계시록을 마무리 하면서 마지막 때에 나타날 징조 중 하나, 그리스도의 모습을 가지고 미혹하는 영들을 깨어서 분별하도록 당부하고 있음을 명심해야 합니다.

1. 천사는 그리스도가 아니며 어떤 경우에도 경배의 대상이 아닙니다.

일곱 대접을 가진 천사 중 하나는 자신의 존재를 '나는 너와 네 형제 선지자들과 또 이 두루마리의 말을 지키는 자들과 함께 된 종'이라고 밝혔습니다(9절).

여기서 "함께 된 종"이란 말은, 천사가 특별한 존재가 아니라 성도들과 마찬가지로 하나님을 섬기는 종임을 의미합니다(히 1:14, 골 2:18).

요한과 형제들이 선지자들, 즉 말씀을 전달하는 자인 것처럼 천사도 하나님의 말씀을 전달하는 자로 섬기는 자일뿐 결코 경배의 대상이 아닙니다.

2. 요한이 순간적으로 분별력을 잃은 것처럼 마지막 때는 그리스도처럼 보이는 세력들이 나타납니다.

그들은 그리스도처럼 보이려고 모든 수단과 방법을 동원할 것입니다. 계 10:1~3절에서 천사가 마치 그리스도의 모습처럼 나타난 것 같이 거짓 선지자들과 거짓 영들이 그리스도의 모습을 흉내 낼 때에 그들을 경배해서는 안 됩니다.

그들 앞에 경배하는 자는 둘째 사망의 해를 피할 수 없습니다. "그리하지 말고 하나님께 경배하라"고 당부했던 천사의 경고를 잊지 말아야 합니다.

3. 이 두루마리의 말을 지키는 자들만이 마지막까지 승리할 수 있습니다.

하나님 나라에서 최후의 승리자의 모습이 나타났습니다.

그들은 끝까지 두루마리의 말을 지킨 자들입니다.

눈에 보이는 대로, 귀에 들리는 대로 행동하지 않고 오직 말씀을 붙잡고 말씀 안에서 요구하는 대로 신앙한 자들만이 최후 승리자가 되었습니다.

계시록을 마무리 하면서 이 두루마리의 말씀을 지킨 자들에 대하여 여러 번 강조하고 있음을 잊지 말아야 합니다.

말씀 안에서 오직 하나님께 바르게 경배한 자들이 분별력을 잃지 않게 되며 하나님과 천사들 앞에서 승리의 면류관을 얻게 됩니다.

청중 적용

사랑하는 여러분!
1. 지금은 미혹과 혼란의 때입니다.
거짓 영들이 사람들을 미혹하여 자신에게 경배하도록 수단과 방법을 가리지 않고 날뛰고 있습니다.

그들은 경배의 대상이 아닙니다.
1) 그들은 하늘에서 내려온 천사가 아닙니다.
하늘에서 하나님의 일들을 대행했던 천사들도 경배의 대상이 아님을 분명히 밝혔거늘 땅에서 태어난 자들이 그리스도의 모습을 흉내 내는 것에 속아서는 안 됩니다.

2) 그들이 행하는 일에 속아서도 안 됩니다.
거짓 영들도 얼마든지 이적과 기적을 행할 수 있습니다. 하지만 이들이 행하는 기적과 이적은 속임수요, 그들을 따르는 자들에게 아무런 유익이 없습니다.

3) 그들은 두루마리의 말을 벗어난 자들입니다.

그들은 두루마리의 말보다 자신의 말을 더 앞세우며 두루마리의 말을 전혀 지키지 않는 자들입니다. 믿는 자들을 미혹하기 위해서 성경을 이용할 뿐, 전혀 믿지도 따르지도 않습니다. 그들의 공통된 특징은 자신을 그리스도라고 하거나 그리스도보다 더 위대한 자라고 높이며 자신에게 경배를 강요하며 몸과 물질과 시간과 심지어 목숨까지 빼앗아갑니다. 그들을 따르는 자는 하나님과 천사들이 함께한 자리에 함께 할 수 없습니다.

2. 오직 하나님께 경배해야 합니다.

참된 신앙은 매일 하나님께 나아가는 것입니다.
참된 신앙은 매일 하나님을 경배하는 삶입니다.

1) 경배는 예배입니다.
하나님을 높이는 예배적인 삶이 경배입니다.
모든 일을 "하나님의 영광을 위하여"란 분명한 목적을 가지고 행동하는 것이 하나님을 경배하는 삶입니다.

2) 경배의 방법은 두루마리 안에 기록되어 있습니다.
하나님을 경배하는 방법은 하나님께서 정하셨습니다. 우리의 임의대로 경배하는 것은 바른 경배가 아닙니다!
두루마리의 말은 하나님을 경배하는 기준입니다!
두루마리의 말을 이탈한 경배는 하나님께 열납되지 않습니다.

3) 하나님은 당신께 경배하는 자들과 영원히 함께 하십니다.

하나님의 나라는 이 땅에서 하나님을 경배한 자들을 위하여 준비된 곳입니다. 하나님께 경배하지 않은 자들에게는 둘째 사망이 기다리고 있습니다!

청중 결단

바른 예배자로 살아갑시다!
분별과 바른 예배는 바른 경배의 필수조건입니다.

CHAPTER 67

그가 행한 대로
계 22:10~17

> **갚아 주리라**
>
> 계시록을 마무리하시면서 "내가 속히 오리라"는 말씀을 여러 번 하셨습니다. 예수님께서 속히 오시는 목적도 말씀하셨습니다.
> 12절에 "보라 내가 속히 오리니 내가 줄 상이 내게 있어 각 사람에게 그가 행한 대로 갚아 주리라."
> 그가 행한 대로 갚아 주시려고 다시 오신다는 말입니다.

설교를 이끄는 관점

여기서 각 사람에게 그가 행한 대로 갚아주시리라는 말씀은 각 사람이 언제부터 언제까지 행한 일들을 갚아주신다는 말씀입니까?

또한 각 사람이란 이 땅에 살다간 모든 사람들을 한 명씩 그가 행한 대로 갚아주신다는 말인데 정말 그런 일이 가능하겠습니까?

여기서 "갚아주신다"는 말씀은 각 사람의 행위에 대한 결과를 주신다는 말씀입니다. 그렇다면 각 사람의 행위에 대한 결과는 죽음 이후에도 각 사람에게 영향을 미치게 되는 것일까요?

오늘은 각 사람의 행위대로 갚아주신다는 이 말씀을 좀 더 심각하게 생각해보려고 합니다.

하나님의 목적으로 해결

예수님의 재림은 모든 것이 끝나는 시간이 아닙니다. 예수님도 분명히 밝히신 것처럼 그날은 각 사람의 행위대로 갚아주십니다.

각 사람의 행위에 대한 결과를 주시는 것은 예수님의 재림 이후에 또 다른 삶이 계속되기 때문입니다.

"그들이 생명나무에 나아가며 문들을 통하여 성에 들어갈 권세를 받으려 함이로다"(14)

"개들과 점술가들과 음행하는 자들과 살인자들과 우상 숭배자들과 및 거짓말을 좋아하며 지어내는 자는 다 성 밖에 있으리라"(15)

생명나무에 나아가는 자가 있는가 하면 또 다른 자들은 성 밖으로 쫓겨난 자들이 있습니다. 이는 각 사람의 행위대로 갚아주신 결과입니다.

1. 하나님은 각 사람이 행한 모든 일들을 기억하십니다(롬

2:6~7, 갈 6:7~8).

창세 이래 이 땅을 다녀간 모든 자들의 이름과 행한 일들을 낱낱이 기억하고 계십니다.

1) 각 사람의 이름을 생명책에 기록하십니다(계 20:15).
2) 생명책에 그 이름을 기억하지 말아야 할 자도 알고 계십니다(계 13:8, 21:27).
3) 각 사람이 행한 대로 정확히 기억하고 계십니다(계 2:23).

2. 하나님은 두루마리 예언의 말씀대로 각 사람을 갚으십니다(10절).

하나님은 감정이나 상황에 따라서 무분별하게 심판하시는 분이 아닙니다. 하나님께서 각 사람을 심판하시는 기준은 예언의 말씀 성경입니다.

그래서 이 예언의 말씀을 예수님이 오시기까지 인봉하지 말고 모든 사람들이 읽고, 듣고, 행하도록 하셨습니다.

우리 하나님은 선지자의 이름으로 냉수 한 그릇을 대접한 보잘 것 없고 사소한 일처럼 보이는 행위까지 기억하고 갚으십니다(마 10:42).

1) 영생과 영벌로 갚으십니다.
2) 구원 받은 자에게 주시는 상급도 각 사람의 행한 대로 구별하십니다(마 5:12, 고전 3:8, 고후 5:10).
3) 각 사람의 불의에 따른 심판도 구별하십니다.

성경은 이 모든 것을 갚아주는 기준입니다.

3. 각 사람은 준비해야 합니다.

1) 자기 두루마기를 빠는 자들은 복이 있습니다(14절).
자기 두루마기를 빠는 자들은 자신들의 죄와 허물을 예수의 보혈로 씻어내는 자들입니다. 구원에 필요한 조건을 충족한 자들입니다. 예수를 믿고, 구원의 확신으로 매일 자신을 돌아보며 회개하는 자들입니다.

이들은 그 행위대로 상 받을 자들이기에 복 있는 자들입니다.

2) 성 밖에 던져진 자들은 저주의 사람들입니다(15절).
성 밖이란, 거룩한 성 천국에 들어가지 못하고 지옥에 던져진 것을 의미합니다. 이들은 지옥에 던져질 일들을 행했기 때문입니다.

① 개들과 – 더러운 생활에서 벗어나지 못한 자들
② 점술가들 – 미신, 귀신놀음에 취한 자들
③ 음행하는 자들 – 방탕과 타락, 향락에서 벗어나지 못한 자들
④ 살인자들 – 복수와 증오 때문에 자신을 다스리지 못한 자들
⑤ 우상 숭배자들 – 하나님을 배신하고 모욕한 자들
⑥ 거짓말을 좋아하며 지어낸 자들 – 거짓을 즐기며 속이는 것을 일삼는 자들
* 이들은 성경을 벗어난 삶을 살았던 자들이며 오직 자신만을 위하여 살았던 자들입니다.

청중 적용

사랑하는 여러분!
1. 지금은 마지막 때입니다.

11절을 보십시오!

"불의를 행하는 자는 그대로 불의를 행하고 더러운 자는 그대로 더럽고 의로운 자는 그대로 의를 행하고 거룩한 자는 그대로 거룩하게 하라"(11)

이는 예수님이 오시기 전 마지막 때의 사람들 모습입니다.

1) 더욱 더 완악해질 것입니다.
2) 회개하지 않을 것입니다.
3) 불신자와 신자의 구별이 뚜렷해질 것입니다.

* 사 29:9~12 → 말씀을 거부하게 됩니다(막 4:12).
그러므로 지금은 깨어야 할 때입니다.
자신의 행위를 돌아보아 주님 앞에 설 때를 준비해야 합니다.

2. 예수님은 내게 줄 상을 들고 오십니다.

"내가 줄 상이 내게 있어 각 사람에게 그가 행한 대로 갚아 주리라"(12)

주님께서는 나에게 줄 상(보상, 삯)을 가지고 오십니다.

1) 내가 말씀대로 행한 만큼 갚아 주십니다.

상의 결과는 순전히 "내가 행한 대로"입니다.

내가 말씀대로 행한 것이 적거나 없다면 주님께서도 어찌 하실 수 없습니다.

① 각 사람마다(1:1)
② 행한 대로 - 심은 대로, 뿌린 대로.
③ 갚아 주신다 - 반드시 결과를 주십니다. 누리게 하십니다.

2) 지금은 각 사람이 상급을 받도록 행할 때입니다.

아직은 기회가 있습니다. 그러므로 낙심하지 말고 지금부터라도 부지런히 열심을 품고 말씀대로 행해야 합니다. 하나님은 내가 행한 모든 일들을 낱낱이 기억하시고 계십니다.

3) 받을 것이 없는 자는 성 밖으로 던져집니다.

상 받을 것이 없는 자는 심판으로 대신합니다.

상 대신 벌이 기다립니다. 상을 잃은 자들에게 기다리는 것은 유황불이 타는 지옥입니다. 둘째 사망, 영원한 사망입니다.

청중 결단

의로운 자는 그대로 의를 행하십시오!
거룩한 자는 그대로 거룩하십시오!
선을 행하되 낙심하지 마십시오!

CHAPTER 68

성령과 신부
계 22:17

> **신 부**
>
> 오늘 본문은 어느 특정집단에서 자신들의 교리와 주장을 말하는 가장 핵심적인 구절입니다. 바른 진리와 복음운동을 위해서 이 설교는 아주 중요합니다.
>
> 성경은 여러 곳에서 신부에 대한 기록들이 있습니다. 구약성경 아가서 전체는 사랑받는 신부에 대한 이야기로 가득합니다. 계시록 안에도 여러 구절들이 신부, 아내에 대한 구절이 있습니다(계 21:2, 9, 19:7).
>
> 17절 "성령과 신부가 말씀하시기를 오라 하시는도다 듣는 자도 오라 할 것이요 목마른 자도 올 것이요 또 원하는 자는 값없이 생명수를 받으라 하시더라."

설교를 이끄는 관점

본문에서 "성령과 신부가 말씀하시기를"이라고 말씀합니다.
마치 성령과 신부가 같은 인격처럼 보입니다. 또한 성령과 신부가 마치 목마른 자들에게 값없이 생명수를 공급하는 자처럼 말씀하고 있습니다.

그래서 이 부분을 가지고 이상한 주장을 하는 자들이 있습니다.
성령과 신부를 동일한 인격으로 말하고 특히 "신부"에 대해서는 "어머니 하나님"이라고 주장을 합니다. 성령은 성부 아버지이시고 신부는 아버지 하나님의 아내이신 어머니 하나님이라고 주장합니다.

이들은 이런 주장을 뒷받침하려고 하늘에도 가족이 있다고 말합니다.
아버지 하나님과 어머니 하나님 사이에 자녀들이 있다는 말로 자신들의 주장을 내세우고 있습니다. 이에 덧붙여 갈 4:26절 "오직 위에 있는 예루살렘은 자유자니 곧 우리 어머니라"는 구절을 인용하여 성령과 신부가 갈 4:26절의 어머니 하나님이라고 주장합니다.

그들은 생명수를 주시는 성령과 신부가 명백히 생명을 주시는 구원자이신 어머니 하나님이라고 주장합니다. 그들은 버젓이 영혼의 어머니가 계시는 하나님의교회 세계복음선교협회라고 자랑하고 있습니다.

1. 정말 어머니 하나님이 있을까요?
2. 성경에서 어머니 하나님이란 말을 기록하고 있거나 선지자나 예수님 그리고 제자들과 사도바울이 어머니 하나님이란 말을 단 한 번이라도 사용한 적이 있습니까!

3. 성령과 신부에 대한 정확한 의미는 무엇일까요?

하나님의 목적으로 해결

한마디로 이들의 주장은 거짓이며 사탄의 소리입니다.

성경을 자신들이 유리한 쪽으로 해석하는 억지입니다. 성경 어디에도 어머니 하나님이란 말은 없습니다. 누구도 어머니 하나님에 대한 말을 전한 자도 없습니다. 우리는 이들이 거짓말과 사탄의 속임수로 복음을 방해하는 용의 세력임을 명심해야 합니다.

본문에서 말하는 "성령과 신부"는

성령님과 교회가 예수 그리스도의 재림에 대한 약속이 속히 이루어지기를 바라며, 그 약속 앞에 교회와 성도들이 어떤 자세를 가져야 하는지를 말씀하고 있습니다.

1. 성령님이 앞에 등장한 것은 계시록에서 "성령"은 교회에 말씀하시는 자로 많이 나타났기 때문입니다(계 2:7, 11, 17, 29, 3:6, 13, 22).

성령께서 교회를 향하여 하시는 말씀을 우리는 기억합니다.

2. 신부는 교회를 말합니다(계 21:2, 9, 19:7).

성경 전체는 신부가 교회와 성도를 의미한다는 것이 보편적 진리요 바른 해석입니다. 그러므로 "신부"를 어머니 하나님이라고 해석하는 것은 사탄의 장난이고 성경 전체를 알지 못하고 한 구절만 가지고 억지를 부리는 말입니다. "신부"는 교회요 성도입니다.

아가서의 술람미 여인은 사랑받는 성도의 모습이요, 예수님의 사랑을 받는 교회의 모습입니다. 이는 누구나 알고 있는 보편적 진리입니다.

하나님은 아브라함에게 그 아내 사래의 이름을 사라로 바꾸시면서 그를 통하여 아들을 약속하시고 그와 그 후손들에게 영원한 새 언약을 세우셨습니다. 이 일을 이루는 과정에서 사라는 열국의 어머니가 되며 민족의 열왕이 그에게서 나올 것을 약속하셨습니다(창 17:15~16, 19).

이 예언은 역사적으로 이스라엘 민족과 다윗 왕국 그리고 예수님의 오심으로 성취되었습니다. 그러므로 사라는 믿음과 언약 위에 있는 예루살렘, 자유하는 여자를 의미합니다. 그러므로 위에 있는 예루살렘은 자유자니 곧 우리의 어머니라, 약속을 따라 언약 안에서 자유하는 새 언약을 의미합니다.

3. "오라 하시는도다"는 예수님의 재림 약속에 대한 교회의 응답입니다.

예수님의 재림은 그동안 믿음 지키느라고 힘들고 지친 교회와 성도들을 영원한 안식으로 초청하는 약속이며, 교회와 성도들의 수고를 보상하는 축복의 시간입니다.

그러므로 성령님도, 교회도, 성도도 예수님의 재림을 거부하거나 지체하라고 할 이유가 전혀 없습니다. 성령과 신부된 교회는 예수님의 재림을 고대하며 "어서 속히 오시옵소서"라고 응답하고 소원한 말입니다.

4. 예수님의 재림을 기다리는 교회와 성도들의 자세는 예수님 앞으로 한 사람이라도 더 초청해야 합니다.

"목마른 자도 올 것이요 또 원하는 자는 값없이 생명수를 받으라 하시더라"(17)

이는 세상에서 목마르고 갈급한 자에 대한 초청의 음성입니다. 예수님의 재림은 목마른 성도에게 생명수 되신 예수님께서 직접 영원한 갈증을 해소시켜주시는 시간입니다.

예수님은 십자가로 구원의 생명수를 주셨습니다(요 19:30). 그러므로 예수님을 믿으면 생명수를 마시게 되고 예수님의 재림과 함께 영원한 생명을 누리게 됩니다.

우리는 시간을 아껴서 목마른 자들을 한 사람이라도 더 생명수 되신 예수님께 초청해야 합니다.

청중 적용

사랑하는 여러분!

1. 예수님의 재림의 때가 가까워질수록 거짓 복음과 사탄의 거짓말이 노골적으로 나타납니다.

이는 앞에서 살펴본 대로 사탄의 우두머리 붉은 용의 세력과 바다짐승과 땅의 짐승들의 세력입니다.

어머니 하나님을 주장하는 자들은 거짓 선지자, 바다짐승의 세력입니다. 이들은 예수님을 전하는 자, 복음을 전하는 자들이 아닙니다. 인간 안상홍과 인간 정길자를 어머니 하나님으로 속여서 미혹시켜 멸망에 이르게 하려는 사탄의 앞잡이들입니다.

우리는 이들의 속임수와 거짓말에 속아서는 안 됩니다. 그들에게 속는 것이 아니라 사탄의 유혹에 넘어가서 멸망에 이르기 때문입니다.

2. 예수님은 다시 오십니다.

계시록을 마무리하면서 "내가 속히 오리라"는 말씀을 몇 번이나 강조하셨습니다.

1) 아직 예수님은 오시지 않았습니다.

이 땅에서 하나님 행세를 하는 모든 자들은 거짓이며 사탄의 앞잡이, 바다짐승들의 세력입니다. 예수님이 오시면 더 이상 세상 역사는 진행되지 않는다는 것이 예수님의 약속입니다.

2) 지금은 준비해야 할 때입니다.

목마른 자들과 구원이 필요한 자들에게 교회와 성도들이 바른 복음을 전할 때입니다. 바른 복음을 전해야 거짓 복음의 실체가 드러나고 그들이 물러섭니다.

구원은 오직 예수님입니다!(행 4:12)

3) 바른 신앙은 생명수가 넘치는 영생을 누립니다. 하나님은 우리를 위하여 완전한 나라를 준비하고 계십니다.

4) 거짓 복음을 전하고 거짓 선지자 노릇을 하며 말씀을 버린 자는 반드시 멸망에 이르게 됩니다. 계 22:18~19절을 명심하십시오!

청중 결단

20절의 말씀을 믿음 위에 새기고 바른 교회로, 바른 성도로 예수님을 전하며 예수님을 기다립시다!